東京・都市再生の真実

ガラパゴス化する不動産開発の最前線

はじめに ◆◆◆

　1日50万人が通行する渋谷スクランブル交差点を地上70mの高さから一望できる劇場「東急シアターオーブ（渋谷ヒカリエ）」、高さ200m超のオフィスビルが集積し23万人が就業する丸の内・大手町に忽然と現れる3,600㎡の森「大手町の森（大手町タワー）」、日本を代表する商業集積地の中心である銀座四丁目交差点を見下ろす芝生広場や屋上農園「銀座テラス（銀座三越）」。近年、こうした特徴的な施設を有する不動産開発が相次いで開業しており、この傾向は今後も続くものと見込まれる。例えば、日本最高層となる390mの超高層建築物を開発する東京駅日本橋口前の常盤橋街区再開発プロジェクトでは、超高層棟に展望施設やビジネス交流施設が設置され、地上には大規模イベントの開催が可能な7,000㎡の広場が設置される予定である。また、東京最後の大規模再開発と期待される田町車両センター跡地の品川開発プロジェクトでは、敷地13.9haに延床面積約100万㎡のオフィスや住宅が開発されるのに加えて、次世代のビジネスモデル実現の場を提供するためのビジネス交流施設やインキュベーション施設が設置される予定である。

　なぜ、不動産開発を行なう民間事業者はオフィス・店舗・住宅と比較して収益性の劣るこのような施設を整備し、運営までするのであろうか。そこには、いまから約10年前に開始された我が国初となる特区制度「都市再生」による規制緩和が大きく影響している。当時、都市再生は従来の都市計画・建築規制を青天井にし、不動産開発が増加することで市民に弊害をもたらすものと多くの専門家から批判を集めた。しかし、これまで都市再生の実態を追及した書籍や論文は極めて少なく、都市再生によってどのような不動産開発が創出され、どの程度の影響を与えたのか、さらに都市再生によって何らかの問題は発生したのかといったことは明らかにされてこなかった。

　不動産開発の増加は、時として社会問題を招く恐れがある。近年では、中国の鬼城（ゴーストタウン）が注目を集めている。2000年代前半から

中国の地方政府では、資金調達手段として農地を宅地化し、売却することが積極的に行なわれてきた。しかし、急激な不動産開発と積極的なインフラ整備は、実需を上回る供給をもたらし、就業者や居住者が十分に集まらない鬼城を数多く生み出した。例えば、中国で四番目に人口の多い都市である天津市東部に位置する于家堡金融地区では、市政府が東洋のマンハッタンとなることを目指し、約2,000億元を投資して約4㎢の敷地に延床面積950万㎡となる100棟以上のオフィス、住宅、ホテルなどの超高層建築物の建設を2006年に開始した。しかし、建設は資金不足に陥ったため数年で中断され、竣工された建築物も生活インフラが整っていないために鬼城化してしまった。天津市は、こうした不動産開発をこれまで数多く実施してきており、現時点で5兆元以上の債務を抱え事実上の破綻状態にあると専門家が指摘している。

　一方、于家堡金融地区の目標とされたニューヨーク市マンハッタンには、エレベータが実用化された1880年代から世界恐慌が発生した1930年代まで数多くの不動産開発が行なわれたが、それらの建築物は現在においても新たな価値を創出し続けている。1880年、ミッドタウンとロウワーマンハッタンの中間に位置するチェルシー地区にナショナルビスケット（ナビスコ）工場が建設された。この工場では、全米で最も売れているクッキーであるオレオが開発され1959年まで製造が行なわれていた。工場内には、貨物鉄道の高架が貫通しており、製造された製品はこの鉄道網を通して全米に出荷されていった。その後、この工場は改修され、市内でも人気のある食料品やレストランなどが約40店入居するチェルシーマーケットとして1997年に新たに開業した。この商業施設は毎年600万人以上が訪れる市内でも有数の観光スポットとなり、周辺の遊休化した工場や倉庫も相次いでレストランやアパレルショップへと改修される契機となった。また1980年に廃線となった貨物鉄道の高架は、2007年に空中公園ハイラインとして再生され、この地区の魅力をさらに高める要因となっている。

このように不動産開発は、時として鬼城化のような社会問題を引き起こすこともあれば、ニューヨーク市のナビスコ工場のようにヒト・モノ・カネ・情報を絶えず惹きつけて新たな価値を創出する触媒ともなりえる。それでは、東京を中心として行なわれている都市再生による不動産開発は、鬼城化を引き起こす元凶となるのであろうか、それとも新たな価値を生み出す触媒となりえるのであろうか。本書では、今後の東京の不動産開発のあり方を論じるために、なぜ都市再生という新たな都市政策が開始されたのか、都市再生を目指すための施策（以下「都市再生施策」とする）はどの程度活用され、運用されているのか、そして都市再生の成果や課題は何かということを明らかにしていく。

本書は、以下に示す5つの章から構成される。
「第1章　ガラパゴス化する東京の不動産開発」では、近年の東京における不動産開発を都市の規模や成熟度、さらに都市計画・建築規制が類似しているニューヨークの不動産開発と比較することで、東京の不動産開発の特異性を明らかにし、その一因である都市再生がどのように影響を及ぼしているのかについて論じる。
「第2章　都市再生の発案と構築」では、都市再生がどのように発案され、都市再生施策の構築と展開に至ったのかを関係機関による公表資料や当時の新聞記事に加えて、施策立案に携わった数多くの関係者へのヒアリングをもとに明らかにする。さらに、都市再生施策のなかでも規制緩和手法である都市再生特別地区が、これまでの規制緩和手法とどのような点で異なるものであったのかを明らかにする。
「第3章　都市再生の光：地価上昇と多様な公共貢献の創出」では、都市再生施策を活用した不動産開発の実態を紹介するとともに、それらの開発によって地域がどのように変化したのかを定量分析によって明らかにする。特に東京都心における個別の不動産開発がどのくらいの規制緩和を獲

得し、どのような公共貢献を創出しているのかを詳細に明らかにする。
　「第4章　都市再生の影：不透明な規制緩和の手続き」では、都市計画の決定権限を有する自治体が公共貢献をどのように評価し、規制緩和を決定しているのかに着目して、都市再生特別地区が抱える問題点や課題を明らかにする。
　「第5章　今後の東京に求められる不動産開発のあり方」では、不動産開発によって創出されてきた施設や地域がどのように利用主体に評価されているのかということを通して、これからの東京に求められる不動産開発のあり方を論じる。

目　次

はじめに 2

第1章　ガラパゴス化する東京の不動産開発

1-1　バブル期に匹敵する不動産開発の増加 ………………………… 10
1-2　第一のガラパゴス化：市場の論理から乖離した用途構成 …… 14
1-3　第二のガラパゴス化：お手本を超えた規制緩和 ……………… 19
1-4　第三のガラパゴス化：不動産開発の一極集中化 ……………… 22
1-5　ガラパゴス化の要因である「需要縮小」と「都市再生」…… 27

第2章　都市再生の発案と構築

2-1　経済対策として発案され選挙対策として始動した都市再生 … 34
2-2　小泉内閣による都市再生本部の設置 …………………………… 39
2-3　既存法制度を超越した特区制度の具体化 ……………………… 42
2-4　都市再生特別措置法のスピード成立 …………………………… 47
2-5　都市再生施策の活用開始 ………………………………………… 53
2-6　従来の特例制度とは大きく異なる都市再生特別地区の特質 … 57

第3章　都市再生の光：地価上昇と多様な公共貢献の創出

3-1　再生した大都市中心部 …………………………………………… 68
3-2　再生の最大要因は規制緩和による不動産開発 ………………… 85
3-3　規制緩和で多様な公共貢献が創出された東京都心 …………… 94
3-4　新たに2兆円以上の資産価値を獲得した民間事業者 ………… 104
3-5　資産価値の最大化に向けて過熱する民間事業者の提案競争 … 112

第4章　都市再生の影：不透明な規制緩和の手続き

- 4-1　事前相談によって全てが決定される都市再生特別地区 …………… *130*
- 4-2　民間事業者と自治体職員との事前相談の実態 …………………… *135*
- 4-3　困難である公共貢献の評価や管理 ………………………………… *144*
- 4-4　当初の理念から乖離した都市再生特別地区 ……………………… *152*

第5章　今後の東京に求められる不動産開発のあり方

- 5-1　高く評価される丸の内・大手町と六本木・赤坂の不動産開発 …… *162*
- 5-2　利用主体で異なる大規模複合施設やエリアの評価構造 ………… *168*
- 5-3　都市再生をさらに促進する国家戦略特区の出現 ………………… *180*
- 5-4　これからの東京に求められる不動産開発 ………………………… *187*

おわりに …… *198*

参考文献 …… *200*

索引 ………… *206*

ガラパゴス化する東京の不動産開発

1-1 バブル経済期に匹敵する不動産開発の増加

　近年、東京都内における不動産開発は増加している。図1-1は東京23区における敷地面積1ha以上の都市開発諸制度を活用した不動産開発件数の推移を示したものである。これをみると、1980年代後半のバブル経済期に大きく増加し、1990年代前半まで年間12件を超える水準で推移していた。

　この時期に大規模に開発されたのが恵比寿ガーデンプレイス、ゲートシティ大崎・大崎ニューシティ、大川端リバーシティ21などであり、何れも工場移転を契機として、IT時代の到来を見据えた最新鋭のオフィスビルや当時ではまだ珍しかった超高層住宅を備えた施設を開発した。恵比寿では、ウエスティンホテルやジョエル・ロブションといった国内初となる外資系ブランドが進出したことによって、渋谷と目黒に挟まれた「下町」「ビール工場」というイメージから「高級」「おしゃれ」といったイメージに変化し、数多くの飲食店や美容室などが凌ぎを削る激戦地へと変化した。一方、以前は都内でも有数の工場集積地であった大崎では、ゲートシティ大崎や大崎ニューシティの再開発を嚆矢として、現在までに数多くの再開発が行なわれ、品川区で最もオフィスと超高層住宅が密集するエリアへと変貌をとげた。そして日本初の民間造船所であった大川端では、隅田川越しに見える超高層住宅というインパクトのある景観の出現によって、都心居住を象徴するランドマークとして今でも数多くのメディアに取り上げられる場所へと生まれ変わり、中古物件も高い価格水準で取引されている。

　1990年代後半になると、バブル経済崩壊による影響を受けて不動産開発は一旦減少したものの、2000年代前半には年間10件程度の水準に回復した。この時期の主要な開発としては、品川グランドコモンズ・品川インターシティ、汐留シオサイト、六本木ヒルズ、ミッドタウン東京などがある。品川や汐留の再開発は、旧国鉄操車場跡地の売却を契機として再開発された。品川駅東口の再開発である品川インターシティは1998年、品川グランドコモンズは2003年に竣工し、2003年の東海道新幹線品川駅の開

図1−1　東京23区における不動産開発件数の推移（左：単年、右：5年間累計）

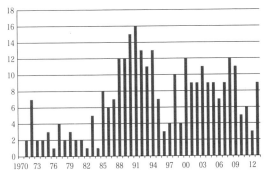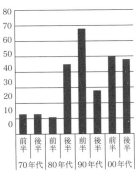

出所）東京都都市整備局資料を基に作成

業もあって数多くの大企業が品川に移転してきた。なかでも三菱商事や三菱重工業が丸の内から移転したことは、「丸の内の黄昏」をより一層深刻化させる引き金となり、丸の内一帯を再開発する丸の内再構築プロジェクトの原動力となった。また、新橋駅東口の再開発である汐留シオサイトは、バブル経済期に地価の高騰を招く危険性があるとされ売却が長期にわたって凍結されていたエリアであった。バブル崩壊後の1997年に敷地を細分化して入札が実施され、電通、日本テレビ放送網、三井不動産、共同通信社などの企業が落札した。しかし、複数の企業に売却されたため、一体感の欠けた再開発となり数多くのメディア関連企業が集積し、露出機会が他のエリアよりも高いにも関わらずエリアとしての知名度は低いままである。

　一方、2003年に竣工した六本木ヒルズは、木造密集市街地を15年以上の歳月をかけて再開発したものである。当初、六本木という街のイメージから、不動産業界では長らく大規模なオフィスビルは成立しないだろうとみられてきた。しかし、そのような既成概念を打ち砕いて国内最大規模のオフィスビルが開発されたことで、街のイメージは大きく生まれ変わり数多くの新興企業が集積するエリアへと変貌した。また、窪地を盛土して造成された丘の上にそびえ立つ超高層オフィスビルと2棟の超高層住宅は、都内の至る所から望むことができる東京の新たなランドマークとなった。さらに第二次外資系ホテルブームの火付け役となったグランドハイアッ

図1−2　恵比寿ガーデンプレイス（左上）、ゲートシティ大崎・大崎ニューシティ（右上）、
　　　　大川端リバーシティ21（左下）の現況

出所）参考文献5）より転載

ト、地上250mの高さにある森美術館、東京国際映画祭のメイン会場となるシネマコンプレックスやアリーナは、これまで六本木にはなかった「文化、芸術、最先端」といったイメージを植え付けることで、若手経営者やクリエイターといった高感度消費者を引きつけることに成功した。その結果、六本木ヒルズで職住近接を実現する「ヒルズ族」という新たな階層を生み出し、社会現象を引き起こすまでに至った。六本木ヒルズでは、各種イベントの開催や情報発信活動を展開するエリアマネジメントが積極的に行なわれており、開業から10年以上を経た現在においても年間4,000万人を超える圧倒的な集客力を有している。

　この六本木ヒルズの開業から4年後の2007年に旧防衛庁跡地売却を契機に開発されたのが東京ミッドタウンである。六本木ヒルズの成功を強く意識した東京ミッドタウンは、施設規模や用途構成など六本木ヒルズと非常に酷似するものとなった。しかし、意識的に複雑な空間構成を採用して擬似的な路地を数多く創出した六本木ヒルズと比較して、東京ミッドタウンは伝統的な日本庭園を参考に敷地の北西に広大なオープンスペースを配

図1-3　品川グランドコモンズ・品川インターシティ（左上）、汐留シオサイト（左下）、
　　　　六本木ヒルズ（右上）、東京ミッドタウン（右下）の現況

出所）参考文献5）より転載

置し、建物を一箇所に集積させたことで来街者に落ち着きや安心感を与える空間となった。

　その後、2000年代後半の世界的な金融危機による影響もあって不動産開発は一旦落ち込んだものの、2013年には再び年間10件まで回復している。こうした高度経済成長以降の不動産開発の推移を5年間の累計でみると、2000年代以降はバブル経済期に匹敵する不動産開発が行なわれていたことがわかる。しかし、近年の東京における不動産開発は、欧米やアジア各都市の不動産開発と比較すると独自の進化を遂げており、それはまるでガラパゴス化しているといえる。このガラパゴス化とは、独特な環境下において独自の進化を遂げた製品や技術の状態を指しており、近年ビジネス用語としてよく使われる表現である。それでは、どのような点において、東京における不動産開発は、ガラパゴス化しているのであろうか。次節以降、東京と都市の成熟度や都市計画・建築規制が類似しており、常にベンチマークとして比較対象とされてきたニューヨークの不動産開発と比較して論じてみる。

1−2 第一のガラパゴス化：
市場の論理から逸脱した用途構成

（1）渋谷ヒカリエとタイムズスクエアタワー

　渋谷とタイムズスクエアは、いずれも最先端の文化や情報を発信する拠点として、世界的に知名度を有するエリアである。これらのエリアでは、2000年初頭に複数の不動産再開発が行なわれている。渋谷では、2012年に渋谷駅東口に渋谷ヒカリエ（延床面積14.5万㎡、地上34階地下4階）が竣工し、現在は渋谷駅上空や駅西口において複数の再開発が行なわれている。渋谷ヒカリエは、低層部に働く大人の女性をターゲットにした商業施設ShinQs（シンクス）、中層部には約2,000席を有するミュージカル専用劇場シアターオーブ、高層部のオフィスには携帯電話向けのオークションサイトやゲームサイトなどを企画・運営するディー・エヌ・エーやソーシャルネットワークサービスを提供するLINEの本社などが入居しており、渋谷のイメージを刷新させる再開発の先駆けとなった。

　一方、タイムズスクエア周辺では2000年から2004年にかけて3つの不動産開発が行なわれた。タイムズスクエア西側にはコンデナスビル（延床面積15万㎡、地上48階）が2000年に竣工し、世界最大の新興企業向け株式市場であるNASDAQのマーケットサイト、女性向けファッション雑誌VOGUEを出版するコンデナス・パブリケーションズの本社、約2,000名の弁護士を抱えるニューヨーク最大級の法律事務所が入居している。またタイムズスクエア南側には、タイムズスクエアタワー（延床面積11万㎡、地上47階）が2004年に竣工し、ANN TAYLORやLOFTなどのブランドを有する女性衣料大手チェーンのアン・テイラーの本社や約500名の弁護士を抱える中規模の法律事務所が4社入居している。さらにタイムズスクエア西側には、トムソンロイタービル（延床面積8.2万㎡、地上32階）が2001年に竣工し、世界最大の金融・専門情報サービスのトムソン・ロイターの本社が入居している。

　両エリアともそれぞれの都市において中心となる商業地ではあるが、近

図1-4 渋谷ヒカリエ（左）とタイムズスクエア周辺ビル（右）の用途構成

出所）写真は参考文献5）と筆者撮影、用途構成は筆者作成

年の不動産開発における用途構成には大きな違いが存在する。例えば渋谷ヒカリエは、約5割がオフィス、約3割が店舗、約2割が劇場やホールなどの文化施設に充てられている。一方、タイムズスクエア周辺のビルは9割以上がオフィスに充てられ、店舗は1階または2階のみであり入居しているテナントもファストファッションのH&MやLOFT、カフェ、銀行窓口などであり、明確なコンセプトはみられない。どうしてこのような違いが生じるのであろうか。一般的に不動産開発は、収益を最大化するために、最も高く賃貸または売却できる用途を選択するのがセオリーである。ニューヨークでは、東京と異なり様々な店舗が複数階にわたって入居する商業施設は少なく、歩道から直接アクセスすることができる路面店舗が多数を占めている。そのため、タイムズスクエア周辺であっても1階のみは店舗とし、2階以上はオフィスやホテルを中心とした不動産開発となることが多い。一方、渋谷はオフィスも商業施設も数多く存在するため、いずれの用途でも事業性を確保することが可能であるようにみえる。そこで渋谷の用途別の賃料を比較すると、渋谷ヒカリエの開業前ではオフィス賃料の方が店舗よりも約2割高い状態にあった。なぜ渋谷ヒカリエは、延床面積の過半をオフィスよりも収益性の低い商業施設や、それよりも収益性の劣る文化施設に充てているのであろうか。

（2）大手町タワーとバンク・オブ・アメリカタワー

2014年、国内外の金融機関が集積する千代田区大手町にメガバンクの一つであるみずほ銀行の本社機能が入居する大手町タワー（延床面積19.8万㎡、地上38階地下6階）が竣工した。地下階には飲食や物販店が30店入居する商業施設オーテモリが設けられ、東西線と半蔵門線を結ぶバリアフリーの連絡通路も整備された。また、敷地面積の3分の1に相当する3,600㎡には、自然の森を再現するために約2mの厚さの土壌を含む200本の樹木が千葉県から移植され、大手町の森と名付けられた。さらに上層階には最高級リゾートホテルとして熱狂的な支持者を有するアマングループの国内初拠点となるアマントウキョウが入居した。

一方、2009年、ニューヨークで最も多くの企業が集積しているミッドタウンの6thアベニューにアメリカ国内で2番目の総資産を有するバンク・オブ・アメリカが入居するバンク・オブ・アメリカタワー（延床面積19.5万㎡、58階）が竣工した。大手町タワーと同程度の延床面積であり、国内最大級の金融機関の本社機能を入居させるために開発されたという点において、この2つのビルには多くの共通点があるが、その用途構成もまた大きく異なっている。バンク・オブ・アメリカタワーの低層部には、携帯電話ショップと銀行窓口が入居しているだけであり、その多くはバンク・

図1－5　大手町タワー（左）とバンク・オブ・アメリカタワー（右）の用途構成

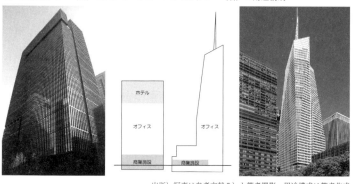

出所）写真は参考文献5）と筆者撮影、用途構成は筆者作成

オブ・アメリカのオフィス受付として活用されている。さらに上層階に至るまで全てオフィスとして活用されており、ホテルや住宅などの他用途の利用はみられない。タワーの地下には２路線が乗り入れるブライアントパーク駅があるが、不動産開発では歩道上にあった地下鉄駅への階段とエレベーターを改修しただけであった。

（３）三越銀座店新館とブルックフィールド拡張エリア

ニューヨーク市でも最大級の規模を有する商業施設ブルックフィールドが2015年に増床してリニューアルオープンした。ブルックフィールドは、ロウワーマンハッタンのワールドトレードセンターに隣接したワールドフィナンシャルセンターの低層部に位置している。増床した１階にはフランスをテーマに多彩な食材を揃える3,400㎡のグルメマーケットが入居し、２階には市内各地で人気のある14のファストカジュアルレストランを集めた3,250㎡のフードコートなどが入居した。２階のフードコートには、増加する観光客や周辺の就業者や居住者の需要を満たすため、所狭しとダイニングテーブルが設置されている。

一方、東京では百貨店やショッピングセンターの増床が相次いでいる。

図１−６　銀座三越９階（左）とブルックフィールド２階南側（右）のフロア構成

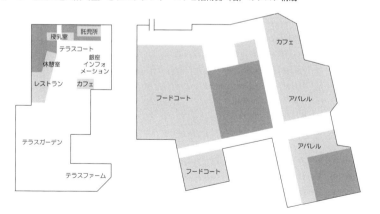

出所）各施設フロアマップを基に筆者作成

そのなかでも百貨店の最激戦区である銀座では、2010年に三越銀座店の新館がオープンした。新館によって店舗面積は1.5倍に拡張し、新館の地下2階と3階は食品フロア、地下1階は化粧品フロア、地上1階から8階は宝飾品・衣料・雑貨フロア、11階と12階はレストランフロアとなった。しかし、9階にはテナントがほとんど配置されず、屋内外3,000㎡を芝生の広場テラスガーデンや屋上農園テラスファームとして活用されており、さらにショッピング中に子供を預かってもらえる託児所や親子休憩室、アートの展示などのイベントを行なうテラスコートが設けられている。より収益性を向上させるためには、ブルックフィールドのように数多くのテナントをフロアいっぱいに配置するのが王道であるが、なぜ銀座三越銀座店新館の9階はこのような収益性の劣る活用をしているのであろうか。

1−3 第二のガラパゴス化：
お手本を超えた規制緩和

（1）ニューヨークを参考に見直してきた東京の都市計画・建築規制

　東京において初めて都市計画・建築規制が導入されたのは、1919年の都市計画法と市街地建築物法（後の建築基準法）であった。これらの法律では、建物の用途と形態をコントロールするため、用途地域、高さ制限、建ぺい率制限、道路斜線制限が設けられた。東京都の高さ制限は最大で100尺（30.3m）に設定され、丸の内ビルヂング（1923年竣工、2002年建替済）、新丸の内ビルヂング（1952年竣工、2007年建替済）、大手町ビルヂング（1958年竣工、現存）などの高層オフィスビルが建設された。戦後の1963年には、高さ制限に変わって容積率規制が導入された。容積率規制とは敷地面積に対する建物の延床面積に上限を設定するものである。この規制が導入されるとともに、東京都では不動産開発に伴って敷地内に広場などを整備した場合に容積率規制を緩和する制度を導入した。この規制緩和手法を活用して、霞が関ビルディング（1968年竣工、現存）、京王プラザホテル新宿（1971年、現存）、池袋サンシャインシティ（1978年竣工、現存）などの超高層オフィスビルが高度経済成長とともに相次いで建設されていった。この容積率規制とその緩和手法は、同様の手法を既に導入していたニューヨーク市のゾーニング条例をお手本としている。ニューヨーク市では、東京都よりも一足早く1961年に容積率規制が導入され、それに伴って広場やアーケードの設置面積に応じて容積率規制を緩和する制度「インセンティブ・ゾーニング」を導入した。この動きを参考に建設省（現在の国土交通省）や東京都において同様の規制緩和が具体的に検討されていったのである。

　さらにニューヨーク市では、1972年に歴史的建造物の取り壊しを防ぐために、歴史的建造物上空の未利用容積を指定された地区内で移転する制度を創設した。この制度によって、グランドセントラル駅やタイムズスクエア周辺のミュージカル劇場などの未利用容積の移転を実現し、歴史的建

造物の建て替えによる取り壊しを防ぐことに成功した。これと同様の都市問題は、1980年代後半の東京都でも顕在化した。当時、東京駅丸の内駅舎は国鉄が抱える巨額債務の削減のために駅舎を取り壊して再開発される検討が行なわれていた。国鉄民営化後に丸の内駅舎の保全は決定したが、建設省と東京都では保全や復原に要する費用を捻出するために、ニューヨーク市の取り組みを参考に東京駅上空の未利用容積を周辺に移転する制度を2000年の都市計画法および建築基準法の改正によって創設した。この制度を活用することで東京駅丸の内駅舎は、未利用容積を周辺の新丸の内ビルディング（2007年竣工）、丸の内パークビルディング（2009年竣工）、グラントウキョウ（2007年竣工）などの不動産開発に売却することで数百億円にのぼる復原費用を捻出し、完全保全・復原が実現した。このように東京都の都市計画・建築規制における規制緩和手法は、ニューヨーク市の事例を常に参考にしながら創設されていったといえる。

（2）ニューヨークを超えた東京の規制緩和

　それでは、近年の不動産開発では、どの程度の規制緩和が行なわれているのであろうか。ニューヨーク市で最も高い容積率が指定されているミッドタウンでは、1,000％から1,500％までの容積率が指定されているが、広場の設置や鉄道駅の改修によって1.2倍から1.44倍までの容積率の規制緩和が許容されている。また、グランドセントラル駅やミュージカル劇場の未利用容積の移転は、指定容積率が1,500％に指定されている地域においては無制限に移転することが可能となっているが、これまで慣例的に1,500％の1.44倍となる2,160％に抑えられてきた。代表的な事例としては、グランドセントラル駅上空の未利用容積を購入して1,500％に設定されていた指定容積率を1.44倍の2,160％と増加させたフィリップモリスビル（1983年竣工）やベア・スターンズ・ビル（2002年竣工）、さらにウィンターガーデン劇場の容積率を購入したリーマン・ブラザーズ・ビル（2001年竣工）などがある。

　一方、東京都では、ニューヨークの規制緩和の上限を大きく超える不動産開発が数多く行なわれている。2016年に竣工を予定している中央区

京橋二丁目の明治屋京橋ビルを含んだ再開発では、指定容積率718％（複数の容積率が設定されているため加重平均値である）を1.85倍となる1,330％まで増加させており、同じく中央区日本橋二丁目の高島屋日本橋店を含む再開発では指定容積率755％を同じく1.85倍となる1,400％まで増加させている。さらに従前が工場地帯であった大崎駅周辺では、指定容積率の2倍を超える増加が行なわれている。

　容積率規制は、建物が道路や上下水道などの都市施設に与える負荷に制限を設けるために設定されている。そのため、新たな道路や鉄道駅などの交通網や、上下水道や電力などの供給網の拡充が実現しない限り、大幅な容積率の規制緩和は困難である。それゆえ、ニューヨーク市では、指定容積率の1.5倍未満となるように抑えているのに対して、東京都では指定容積率の2倍を超える規制緩和を許容している。

図1－7　ベアスターンズビルの現況（左）と中央区日本橋二丁目の完成予想図（右）

出所）写真は筆者撮影、イラストは三井不動産プレスリリースから転載

1－4　第三のガラパゴス化：不動産開発の一極集中化

（1）不動産開発が都心4区に集中する東京

近年の不動産開発は、特に東京都心4区（千代田区、中央区、港区、新宿区）において増加する傾向にある。図1－8は前述の不動産開発件数を地域別の割合で示したものである。これをみると、1980年代や1990年代は都心4区のみならず、城南や城東といった地域においても不動産開発が数多く行なわれていた。例えば、三軒茶屋駅にあるオフィス・商業施設・ホールから構成されるキャロットタワー（1996年竣工、延床面積7.7万㎡、地上27階地下5階）、用賀駅にあるオフィスと商業施設から構成される世田谷ビジネススクエア（1993年竣工、延床面積9.7万㎡、地上28階地下2階）は、東京の中心業務地区のさらなる拡大を予感させる代表的な不動産開発であった。しかし、2000年代になると、それらのエリアでの不動産開発は減少し、都心4区の占める割合が増加している。特に2010年前半をみると、都心4区の占める割合は60％を超えており、不動産開発の都心集中化がさらに進んでいるといえる。

こうした不動産開発の都心集中化は、今後も続く見込みである。図1－

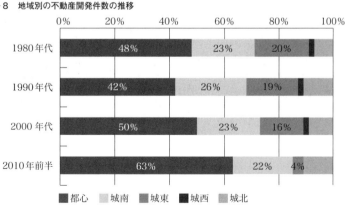

図1－8　地域別の不動産開発件数の推移

出所）東京都都市整備局資料を基に作成

9に示したように、2015年から2018年にかけて東京23区では約403万㎡の大規模オフィス（延床面積1万㎡以上）の供給が見込まれているが、そのうち約80％は都心4区が占めている。さらに2020年のオリンピック開催に向けて、増加する訪日外国人を取り込むために都心4区ではホテルや商業施設の再開発が相次いで行なわれている。例えば、御三家の一角であるホテルオークラは、52年間にわたり国内外の著名人が利用してきたホテルオークラ東京本館（延床面積6.4万㎡）の建替えを2014年5月に公表した。再開発では従前の1.3倍の規模となる約550室のホテルだけではなく、オフィスや美術館を備えた2棟の超高層建築物（延床面積18.7万㎡、地上38階と地上13階地下6階の2棟）へと建て替えるものであり、2019年春に開業する見込みである。また、2014年に再上場した西武ホールディングスにおいても都心のホテルの再開発を行なっている。同社は、中期事業計画の中核事業として不動産開発を掲げており、その一環としてグランドプリンスホテル赤坂（延床面積6.8万㎡）を建て替えし、従前の3倍以上の延床面積を有する複合施設（11万㎡のオフィス、2.8万㎡のホテル、2.3万㎡の分譲住宅など）に再開発している。一方、都心の商業施設では銀座を中心に再開発が続いている。J.フロントリテーリングは、松坂屋銀座店と周辺建築物を建替えして、延床面積14.7万㎡のオフィスや能楽堂

図1－9　今後の東京23区における大規模オフィスの供給見通し（2015年以降推計）

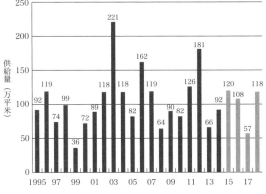

出所）森トラスト（2015）を基に作成

1章　ガラパゴス化する東京の不動産開発　　23

を併設する商業施設に再開発している。また、2007年に銀座五丁目の数寄屋橋交差点にある銀座東芝ビル（延床面積4万㎡、地上9階）を1,610億円で取得した東急不動産は、東急百貨店による新業態店を中心とした商業施設（延床面積5万㎡、地上11階地下5階）へと再開発を行なっており、2016年春に開業する予定である。

　さらに六本木では、第二六本木ヒルズの着工が現実味を帯びてきた。六本木ヒルズの東側にある9.5haの六本木五丁目西地区は、長らく森ビルが再開発に向けて地権者と協議を行なってきたエリアである。その再開発が都市計画決定される見通しである。計画では、外国人向けの居住、文化、教育関連施設、複合MICE施設、都心の森など延床面積105万㎡の施設が誕生する見込みであり、現在の六本木ヒルズ（敷地面積8.5ha、延床面積72.5万㎡）を大きく上回る規模となることが想定される。このように東京都心4区では今後も再開発が相次いで行なわれる見通しである。

（2）不動産開発によって都心を新たに拡大するニューヨーク

　一方、ニューヨークでは東京都心4区と同面積であるマンハッタン区のみならず、周辺のブルックリン区やクイーンズ区にも不動産開発によって新たな都心を相次いで整備している。2001年6月、ニューヨーク州上院議員、ニューヨーク市幹部、ニューヨーク市に拠点を置く金融機関や不動産会社幹部35名から構成されるグループが「未来に向けたニューヨーク市の不動産開発戦略」と題する報告書を公表した。この報告書では、今後20年間で60万人の新たな雇用を創出するため、557万㎡のオフィスを創出する野心的なプランを示した。このプランでは、新たな中心業務地区を形成するためにブルックリン区ダウンタウンとクイーンズ区ロングアイランドシティを再開発し、さらに既存の中心業務地区であるマンハッタン区ミッドタウンをハドソン川まで拡大させようとするものであった。このプランを受けて、2002年にニューヨーク市長に就任したマイケル・ブルームバーグ氏は、市域の約40％の用途地域を見直し、税制優遇や補助金交付などの様々な手法を用いて中心業務地区の整備に着手した。

　ブルックリン区ダウンタウンの東端に位置するパシフィックパーク（旧

名称はアトランティックヤード）には、大都市圏交通公社（MTA）が所有する操車場を中核として総額49億ドルを投じて延床面積3.1万㎡のオフィス、約6,400戸の集合住宅、180室のホテル、延床面積2.3万㎡の商業施設、延床面積7.9万㎡で最大1.9万人を収容する多目的アリーナ、3.2haのオープンスペースが開発されている。2012年に一足先に竣工した多目的アリーナは、プロバスケットボールリーグNBAのブルックリン・ネッツの本拠地として利用され、アリーナの名称はロンドンを拠点とする金融機関バークレイズが4億ドルで20年間の命名権を取得してバークレイズ・センターと名付けた。さらに竣工後初となる公演では、ブルックリン出身のラッパーであるジェイ・Zのコンサートが行なわれ、多くの人々が訪れるエリアへと生まれ変わった。また、クイーンズ区の中でも最もマンハッタン区に近いロングアイランドシティには、ハンターズポイント駅周辺の用途地域が変更され、オフィスや集合住宅が急速に開発されている。駅西側にはイーストリバー越しにマンハッタンの超高層建築物群を望むことのできる約5,000戸の集合住宅が次々に開発され、さらに駅北側には超高層オフィスビルが数棟開発される予定である。

　さらにマンハッタン区ミッドタウンの西方に位置するハドソンヤードで

図1-10　パシフィックパーク、ハンターズポイント、ハドソンヤードの完成予想図

出所）完成予想図は各社プレスリリースから転載

は、米国最大級となる民間不動産開発が進行している。この地区では、クイーンズ区とマンハッタン区を東西に横断する地下鉄7号線を延伸し、大都市圏交通公社が所有する操車場に10.5haの人工地盤を整備して、延床面積55.7万㎡のオフィス、5,000戸の集合住宅、延床面積7万㎡の商業施設、5.7haのオープンスペースを開発する予定である。さらに操車場周辺の約60ブロックの用途地域を見直して、総延床面積390万㎡の不動産開発が創出される見込みである。現在、この地区には2014年に竣工した国内で最も高い建築物であるワン・ワールド・トレードセンター（延床面積24.5万㎡、高さ541m）を上回るハドソン・スパイアー(延床面積10万㎡、高さ548m)という複合用途の建築物が計画されており、マンハッタンにおける新たな中心業務地区として注目を集めている。このようにニューヨークの不動産開発は、東京とは対照的に市全域で行なわれており、一極集中化という現象はみられない。

1−5 ガラパゴス化の要因である「需要縮小」と「都市再生」

（1）ガラパゴス化の第一の要因「需要縮小」

　筆者は、これまで国内外の不動産開発の事業戦略の立案や事業計画の策定などに数多く携わり、欧米やアジア各都市の不動産開発の実務者と意見交換をする機会を得てきた。その際に日本における近年の不動産開発の取り組みを伝えると、彼らは「なぜ都心に数多くの不動産開発が集積し、さらに民間事業者によって道路や鉄道が改修されたり、劇場やコンベンション施設などの公益施設が整備・運営されているのか。」と一様に驚いていた。そこで筆者は、この要因として彼らに縮小する日本の不動産需要の現状と都市再生という新たな都市政策の導入を何度も説明していた。このとき筆者は、日本は製造業やサービス業だけでなく、不動産開発においてもガラパゴス化が進んでいると実感した。しかし、不動産開発のガラパゴス化を筆者は決してネガティブな現象としては捉えておらず、むしろ今後の日本における新たな輸出可能な技術やノウハウとなる可能性を秘めていると考えている。

　それでは、このガラパゴス化の要因である不動産需要の縮小は、どの程度進行しているのであろうか。まずは東京におけるオフィス市場からみていくことにする。図１−11は東京23区におけるオフィス就業者数の推移である。これをみると、東京23区では1995年からオフィス就業者数は減少傾向に転じており、1995年に383.5万人存在したオフィス就業者数は2010年に324.3万人と15年間で約60万人減少した。これは、毎年４万人のオフィス就業者が減少していることを意味しており、毎年１％ずつオフィス需要は減少しているといえる。一方、都心４区で働くオフィス就業者数が占める割合は年々高まっており、オフィス需要は量的にだけではなく空間的にも縮小しているといえる。一方、オフィス需要は、オフィス就業者×一人あたりのオフィス面積で構成される。そこで一人あたりのオフィス面積の推移をみてみると、近年の一人あたりのオフィス面積は約3.9坪と横ばいの状態であり、電子機器の小型化、書類のペーパーレス化、フ

図1−11 東京23区におけるオフィス就業者数（左）と一人あたりオフィス床面積（右）の推移

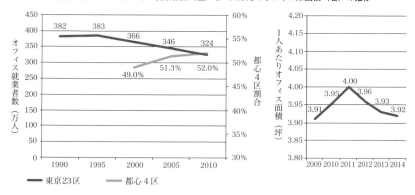

出所）総務省「国勢調査」、ザイマックス不動産総合研究所（2014）を基に作成

リーアドレスの導入などの影響によって今後も大幅な増加は見込むことは難しい。そのため、今後もオフィス需要の減少傾向は続いていくものとみられる。

　それでは、住宅市場はどのようになっているのであろうか。図1−12は世帯数の推移と見通しであるが、東京都全体では2030年をピークに減少する見込みであるが、東京23区は2035年まで依然として増加する見通しであると東京都は予測している。しかし、大きく増加する層は主に50歳代以上を世帯主とする世帯であり、就職や結婚などで転居の機会が多い20歳代や一次住宅取得世代である30歳代は、いずれも2010年をピークに減少している。これらの20歳代及び30歳代が世帯主となる世帯数は2010年には152万世帯存在したが、2035年には3分の2となる105万世帯まで減少する見込みである。さらに世帯人員も年々減少しており、2010年に1世帯あたり1.95人であったのが、2035年に1.79人まで減少する見込みである。このように住宅市場においても既に需要縮小が訪れている。

　最後に商業施設市場は、どのようになっているのであろうか。図1−13は東京23区における小売業の年間販売額の推移である。これをみると、小売業の年間販売額は1997年から微減傾向にあり、2007年に一旦は増加したものの2012年には過去20年間で最低となる12兆円前半まで減少して

図1-12 東京23区における年代別世帯数及び世帯人員の推移

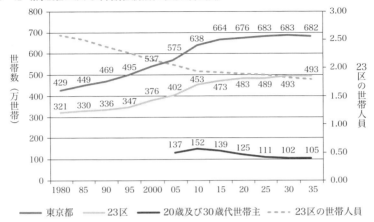

出所）総務省「国勢調査」、東京都「東京都世帯数の予測（平成26年）」を基に作成

図1-13 東京23区における年間販売額及び店舗数の推移

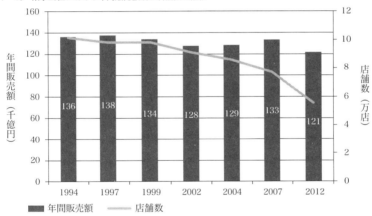

出所）経済産業省「商業統計」、総務省「経済センサス」を基に作成

いる。さらに店舗数をみると、1994年に10万店あったが2012年には5.5万店へと半減しており、商業施設市場の競争激化を物語っている。東京23区は、1995年から2010年の間に796.8万人から894.6万人へと約100万人の人口が増加した。しかし、郊外型ショッピングセンターやインターネッ

1章 ガラパゴス化する東京の不動産開発　29

トショッピングなどの出現によって、東京23区内における小売業の年間販売額はむしろ減少しており、リアル店舗の需要は縮小しているといえる。
　このように、東京23区ではいずれの市場も既に需要縮小期に突入しており、新たな不動産開発を行なう場合には、周辺の類似する施設とは異なる付加価値を創出することが重要となってきている。例えば、近年のオフィス開発では、高まるビジネス交流の需要に対応するためコンベンションやカンファレンス施設を併設したり、子育て世代の就業を支援するため保育所を併設するなどの取り組みが増えている。また、商業施設開発では、増加する訪日外国人に対応するため、複数言語に対応可能な観光案内センターや観光バスの乗降スペースを設置したり、最新の文化や情報を発信するため屋上庭園や屋内ギャラリースペースを併設する取り組みが増えている。

（2）ガラパゴス化の第二の要因「都市再生」

　こうした新たな付加価値を創出する取り組みを加速させているのが、2002年の小泉内閣によって開始された我が国初となる特区制度「都市再生」である。特区制度とは、特定の地域に規制改革を中心として税制優遇や金融支援などを一体的に展開する制度である。我が国の初となる特区制度は、2002年に大都市の都心部に都市再生緊急整備地域という名称で指定された。この地域内では、不動産開発を行なう際に従来から指定されている都市計画・建築規制を撤廃し、自治体と民間事業者が協議を行なって新たに規制内容を設定する都市再生特別地区の活用が可能となった。この都市再生特別地区は、全ての不動産開発が無条件に活用できるものではない。都市再生の根拠法である都市再生特別措置法では、活用の条件として「都市の再生に貢献」する不動産開発が対象とされた。そのため民間事業者は、広場や公園の整備、地下鉄駅やコンコースの改修、コンベンション施設やインキュベーション施設の整備や運営といった様々な都市の再生に貢献する取り組み（以下、公共貢献とする）を創出することに注力している。東京都では、都市再生緊急整備地域が主に都心4区で指定されたことで、渋谷ヒカリエ、大手町タワー、三越銀座店新館などといった新たな付

加価値の創出と大幅な規制緩和が実現した不動産開発が東京都心において相次いで出現している。

　この特区制度は、小泉内閣が掲げた規制改革と民間活用という政策の第一弾として多くの注目を集めた一方で、既存の都市計画を破壊するものとして批判を浴びた。五十嵐・小川（2003）では、都市再生緊急整備地域を「青天井の建築物を認める規制緩和の極致」と評し、建築無制限時代が到来したと指摘している。また、矢作（2005）では、都市再生緊急整備地域（文献中では「開発特区」と表現）を「都市計画論的には、それはプランニングの放棄である。」と評し、「都市計画家が開発特区を支持することは、『敗北の都市計画』ではないか。」と指摘している。しかし、都市再生特別地区によって、どのような公共貢献が創出され、どの程度の規制緩和が行なわれたのか、さらにどのような成果や課題があるのかに関してこれまで十分に明らかにされてこなかった。それでは、次章からこの都市再生特別地区の実態について明らかにしていく。

第 2 章

都市再生の発案と構築

2−1 経済対策として発案され選挙対策として始動した都市再生

（1）抜本的な不良債権処理策としての都市再生

　1998年7月に橋本首相の後を継いだ小渕首相は、財政再建路線からの転換を図り、景気対策と金融システムの安定化を目指すため、8月に首相直属の諮問機関として経済戦略会議を設置した。この会議では、樋口廣太郎・アサヒビール名誉会長を座長とし、奥田碩・トヨタ自動車社長や森稔・森ビル社長などの企業経営者、竹中平蔵・慶応義塾大学教授、伊藤元重・東京大学教授などの学識経験者が集められた。約半年間の検討を経て、会議では翌年2月に最終答申「日本経済再生への戦略」をまとめた。この答申では、バブル経済の本格清算と21世紀型の金融システムの構築を目指して「不動産の流動化・有効活用の促進」と「再開発事業促進のための法制度の整備等」が提示された。具体的な施策としては、金融破綻処理を所管する金融再生委員会（のちに金融庁へ統合）と緊密な連携を取りながら、不良担保不動産の流動化と土地の有効利用を一体的に推進するための首相直轄組織である「都市再生委員会」の設置が提言された。この都市再生委員会は、土地の有効利用と一体的に、都市構造の抜本的再編や居住・商業機能の回復に向けた戦略を策定する役割もあわせて期待された。

（2）石原東京都知事の誕生を契機に動き出した都市再生

　1999年6月、経済戦略会議は最終答申の実現可能性を確認するための作業を開始した。都市再生は建設省の所管であったが、権限や予算の喪失を恐れた建設省は、首相直轄の都市再生委員会の設置に否定的な見解を示し、よく検討したうえで結論を出すとの回答を行なった。しかし、同年4月の東京都知事選挙によって、都市再生を取り巻く状況は大きく変化した。選挙では、石原慎太郎氏が民主党の推薦する鳩山邦夫氏（元衆議院議員・民主党副代表）の得票数の約2倍を獲得して当選した。一方、自由民主党の推薦する明石康氏（元国際連合事務次長）は大差で敗れ、自由民主党の大都市での支持基盤の弱さ露呈させる結果となった。東京都知事に就任し

表2−1 「日本経済再生への戦略」の主な内容（主要部のみ抜粋、下線は筆者）

第3章　バブル経済の本格清算と21世紀型金融システムの構築

3.1　不良債権の実質処理促進のためのスキーム構築
　不良債権の実質処理のためには、個々の金融機関がバランスシート上で引当てを積むだけでは不十分である。キャッシュフローを生まない固定化した不稼動不動産を第三者に売却ないしは有効活用することによって、キャッシュフローが得られる稼動資産に転換していくことが極めて重要である。そのためには、競売手続きの改善など個々の担保不動産の流動化を促進する環境整備が必要なことは言うまでもないが、最も重要なことは、不動産自体の収益性を高めるための大規模かつ総合的なスキームを構築することである。具体的には、都市再開発事業を一段と推進するための制度・環境整備やわが国の都市構造を抜本的に再編し都市の再生を実現することを通じて、不動産の流動化・有効活用を図っていくという戦略的視点が欠かせない。加えて、不良債権の裏側にある企業の過剰債務の解消を促進するという企業サイドからの対応も不可欠である。

3.1.1　都市構造の抜本的再編に向けた不動産の流動化・有効活用の促進
　日本の都市は、これまでに震災、戦災等大きな不幸を経験しながら、防災上危険な地域が多数存在する等、21世紀を目前に未だに多くの負の遺産を抱えている。加えて、バブル崩壊以降、大都市を中心に不良担保不動産や低未利用地が大量に発生し、日本の経済再生にとって最大の足枷となっているが、他方この現状は都市再構築へのかつてない好機ともいえる。このため、これまで果たせなかった都市構造の抜本的再編、居住・商業機能の回復に向けた土地の有効利用を不良担保不動産等の流動化と一体的に推進するとともに、情報、環境、バリアフリー、国際化等21世紀に相応しい都市の構築に向けた国家戦略を策定するため、首相直轄の「都市再生委員会」を設置する。

3.1.2　再開発事業促進のための法制度の整備等
　① 市街地再開発事業の制度強化等
　② 敷地整序型土地区画整理事業等の促進
　③ 都市計画・建築規制の緩和措置の積極的な活用
　　1) 政府が地方自治体に対し強力なリーダーシップを発揮し、「高層住居誘導地区制度」「機能更新型高度利用地区制度」等の規制緩和措置を積極的に活用し、土地の高度有効利用を促進する。
　　2) 都市計画地方審議会の弾力的開催や都市計画決定手続きの柔軟性を確保する。
　　3) 各種容積率移転制度の要件緩和、利用促進等を進める。
　　4) 都市計画の線引きについて廃止または縮小を視野に入れ見直す。

た石原慎太郎氏は、9月の所信表明演説において首都機能移転の反対に向けた働きかけを強める方針を明らかにし、首都東京を再生するために「東京の新しい都市計画ビジョン」や「東京湾臨海部の再整備ビジョン」の策定に着手することを相次いで発表した。こうした東京を中心とした都市政策に関する議論が徐々に高まる中で、小渕首相は2000年1月に都市再生

表2－2 「東京圏の都市再生に向けて」の主な内容（主要部のみ抜粋、下線は筆者）

> 3．プロジェクトの提案
> (1) 土地の高度・複合利用の推進
> 　　職住融合型の都市構造を実現するため、細分化された敷地の統合、街区の再編、都市基盤の整備を行ない、同時に、<u>容積率や税制に関する措置など民間住宅建設のインセンティブの創出</u>に努める。それにより、都心部及び圏域内の中心市街地へ快適な住居を供給するプロジェクトの立ち上げを促進・誘導していくべきである。
>
> (2) 個性豊かな魅力ある拠点の形成
> 　　都心において緑の創造に努めることは重要である。そのために、<u>敷地規模に対応した容積率の設定</u>や、敷地統合を促進する税制などに関する措置を講じるべきである。

に向けた土地利用の誘導方策と開発の進め方などを検討するため、建設大臣に対して都市再生推進懇談会の設置を指示するに至った。

都市再生推進懇談会は、建設大臣が座長となり、石原慎太郎・東京都知事などの東京圏一都三県の知事、森稔・森ビル社長や田中順一郎・三井不動産会長などの企業経営者、伊藤滋・慶応義塾大学教授や伊藤元重・東京大学教授などの学識経験者が集められた。しかし、この都市再生推進懇談会は、東京を中心とする大都市の住民が何を考えているのかということを把握する場として設置されたものであり、具体的な都市政策の立案を期待されたものではなかった。都市再生推進懇談会は、2000年2月から9月にかけて、全3回の会合を開催し、各会合において聴取した意見を11月に提言「東京圏の都市再生に向けて」としてとりまとめた。提言では、都市再生を政策の最重要課題と位置づけることを明記し、緊急に行動を起こす取り組みの方向としてプロジェクトの提案と制度・手法の提案を示した。しかし、具体的な制度に関する提案は少なく、既に他の審議会などで議論されていた内容が列挙されるに留まった。

（3）選挙対策として実施が義務付けられた都市再生

2000年4月に小渕首相の緊急入院によって後を引き継いだ森首相は、6月に野党から内閣不信任決議案が提出されたことに伴って、衆議院を解散するに至った。この衆議院議員選挙では、都市部における自由民主党の支持基盤の低下がさらに露呈する結果となり、自由民主党の閣僚経験者や

党幹部などが都市部で相次いで落選する「1区現象」が続出した。そのため都市部の自由民主党組織からは、翌年7月に予定されている参議院議員選挙に備えるため、都市部を重視した何らかの政策を打ち出す要望が急速に高まった。そこで自由民主党の亀井静香政調会長は、経済戦略会議の最終答申に対する関係省庁の動きが鈍いとして、3月に都市再生・土地流動化の作業部会を設置し、最終決定まで政治主導で作業を加速すると宣言した。作業部会では、石原慎太郎・東京都知事や太田房江・大阪府知事などから国が支援する必要のあるプロジェクトに関して意見を聴取した。さらに土地の流動化対策として容積率などの建築基準の規制改革を検討し、与党三党幹事長による緊急経済対策として大々的に公表した。

　この緊急経済対策を受けて、森首相は4月に経済対策閣僚会議を開催し、金融機関の不良債権処理と企業の過剰債務を解消するための緊急経済対策を閣議決定した。この中において、首相を本部長とする都市再生本部の設置、21世紀型都市再生プロジェクトの推進、土地の流動化（不動産証券化の推進、都市再生・土地の流動化のための規制改革）、PFIの積極的活用が提示された。しかし、規制改革では、これまでの都市計画・建築規制の緩和手法である特例制度の積極活用や運用改善を提案するに留まり、新たな制度創設などの大胆な提案は行なわれなかった。このように、都市再生は選挙対策として実施が早々に決定されが、その内容は都市再生プロジェクトと名前を変えた従来型公共事業の推進や従来の特例制度の運用改善を中心としたものであり、これまでの延長線上の施策が多くを占めた。いわば、その場しのぎの都市政策に過ぎなかったのである。

表2-3　経済対策閣僚会議「緊急経済対策」の主な内容（主要部のみ抜粋、下線は筆者）

第2章　具体的施策

3．都市再生、土地の流動化
(1) 「都市再生本部」（仮称）の設置
　　<u>内閣総理大臣を本部長、関係大臣を本部員とする「都市再生本部」（仮称）を内閣に設置し</u>、環境、防災、国際化等の観点から都市の再生を目指す21世紀型都市再生プロジェクトの推進や土地の有効利用等都市の再生に関する施策を総合的かつ強力に推進するなお、内閣官房に国土交通省等関係自治体機関、自治体の職員、民間人からなる専属の事務局を設置する。

(2) 21世紀型都市再生プロジェクトの推進
　① 都市再生本部においては、21世紀における魅力と活力に満ちた都市の再生を先導する如何に掲げるようなテーマに沿った<u>21世紀型都市再生プロジェクトを具体的に選定し、集中的、重点的な推進を図る。</u>
　　・広域循環都市プロジェクト
　　・安全都市形成プロジェクト
　　・交通基盤形成プロジェクト
　　・都市拠点形成プロジェクト
　② 国、自治体、民間等からなる実施機関のあり方を早急に検討し、強力な実施体制を構築する。なお、東京圏において国及び7都県市で構成する常設の協働機関を設置するなど、自治体の意向、意欲を十分に尊重して、プロジェクトを推進する。
　③ 都市の再生を低未利用地の整形・集約化や基盤整備により先導する観点から、都市基盤整備公団の土地有効利用事業及び防災公園街区整備事業について、事業要件の緩和や国の支援の充実など、事業をより弾力的に活用するための措置を実施する。また、土地取得、譲渡の状況に応じ、的確に所要資金の確保・拡充を図る。さらに、事業の円滑な推進のため、都市計画の決定・変更、事業の施行の認可、関係権利者間の調整等を迅速かつ適切に実施するための条件整備を行なう。
　④ 21世紀型都市再生プロジェクトについては、都市再生本部における選定を経て、その立上げ・推進に当たり、必要な資金を適切に確保する。その際、国と地方、自治体と民間事業者の適切な役割分担を踏まえるとともに、取得対象とする土地については、プロジェクトの実施に確実につながるものとする。

(3) 土地の流動化
　① 不動産証券化の推進
　　　投資物件のパフォーマンスを示す指標である「不動産投資インデックス」に関するガイドラインを平成14年までに整備するとともに、不動産投資顧問業の育成などを通じ、不動産の証券化を推進する。
　② 都市再生、土地の流動化のための規制改革等
　　　一定のオープンスペース等が確保された優良なプロジェクトについて<u>容積率などの緩和を行なう制度の積極的活用</u>に向けて、本年4月中に、制度の考え方を周知し実施の円滑化を図るとともに、<u>都市計画の運用基準を、より柔軟な運用となる方向で見直す</u>よう、自治体に要請する。

(4) PFIの積極的活用及び公務員宿舎跡地等の再開発

2-2　小泉内閣による都市再生本部の設置

（1）都市再生本部の設置と都市再生プロジェクトの決定

　支持率の低迷によって森首相は就任1年で辞任し、緊急経済対策の実行は2001年5月に就任した小泉首相が引き継ぐこととなった。小泉首相は就任後初となる国会所信表明演説において「都市の再生と土地の流動化を通じて都市の魅力と国際競争力を高めていきます。このため、私自身を本部長とする都市再生本部を速やかに設置します。」と発言し、翌日の閣議において都市再生本部の設置が決定され、同月に初会合が開催された。

　内閣官房に設置された都市再生本部は、内閣総理大臣を本部長、内閣官房長官と国土交通大臣を副本部長とし、事務局には国土交通省の住宅局を中心に都市局や道路局、東京都や大阪府および大阪市、民間事業者からの出向者約20名が集められた。この推進体制のなかで中心的な役割を担ったのが国土交通省住宅局出身者であった。都市再生本部では、旧建設省住宅局出身の参議院議員で森内閣から内閣官房副長官を務める上野公正氏がとりまとめ役となり、都市再生本部事務局長には国土交通省住宅局出身の小川忠男氏（元国土交通審議官）、事務局次長には同じく住宅局出身の山本繁太郎氏（元国土交通大臣官房審議官）が就任した。住宅局は、市街地再開発事業や建築基準法など、建設会社や不動産会社の事業活動と密接な事業や制度を所管していた。そのため、民間事業者の意向を把握するのに長けている人材が多く、なかには建設・不動産業界の支援を受けて国会議員となる官僚も少なかった。そのため、都市再生はこれらの住宅局出身者が中心となって推進する体制となった。

　6月に開催された第2回の会合では、都市再生プロジェクト選定の考え方が提示され、具体的に推進する事業として「東京湾臨海部における基幹的広域防災拠点の整備、大都市圏におけるゴミゼロ型都市への再構築、中央官庁施設のPFIによる整備」を指定した。これらのプロジェクトは、緊急経済対策として直ちに実需に結び付く実効性の高いものを優先して選定したため、本質的な都市再生に寄与するものは少なかった。

（2）民間都市開発投資の促進に向けた検討

　緊急経済対策では、民間事業者に対する支援の記述は少なく、従来の特例制度の積極活用や運用改善に留まっていた。しかし、2001年8月に開催された第3回の会合では、第二次となる都市再生プロジェクトが決定されたのに加えて、都市再生の担い手である民間事業者による不動産開発があらためて注目された。会合では、不動産開発の立ち上がりを支援するため、投資規模が大きく、かつ都市再生上の意義が高い事業を選定し、都市計画・建築規制への柔軟対応や関連公共施設の重点整備などを実施することを決定した。この背景には、小泉首相へと政権交代したことにより、政権の大きな方針が「従来型公共事業の削減、大胆な規制改革、民間活力の活用」へと変化したことが大きく影響した。また、同時期には、建設・不動産業界から相次いで規制緩和に対する要望が相次いで行なわれた。例えば、建設会社、不動産会社、鉄鋼会社などが会員となっている日本プロジェクト産業協議会では、6月に大都市圏の都市構造再編に向けた提言として、土地を高度利用するために立体道路制度や特定街区といった具体的な制度を例示して見直しを提案した。また、建設会社が会員である日本建設業団体連合会、日本土木工業協会、建築業協会の3団体は、8月に土地利用に関する規制の問題点や改善事項として、事業者が自ら決定し、責任を負うことが可能となる制度の創設を要望した。さらに不動産会社が会員である不動産協会は、9月に都市再生推進のための規制改革に対する意見として、大規模な街区の再編・統合に対する容積率の大幅な引き上げや既存の都市計画・建築規制にとらわれない事業者の自由な発想による建築形態を可能とするように提案した。

　こうした業界団体からの声を受けて事務局では、9月から不動産開発を通した民間都市開発投資の促進に必要な要望を把握するため、民間事業者や自治体からの意見聴取を開始した。民間事業者からの要望は大きく分けて3点存在した。

　第一に「時間リスクの軽減」である。これは、都市開発に伴う手続きの長期化やその期間の不明確さなどの時間リスクを軽減し、かつ規制の基準などを事前に明確化することであった。具体的には高層建築物に係る環境

影響評価条例に基づく手続きの期間短縮や、臨港地区の解除に係る港湾法及び都市計画法の手続きの並行処理、市街地再開発事業の都市計画決定にあたっての合意率などが挙げられた。第二に「地域特性に応じた民間事業者の創意工夫を活かせる対応」である。これは、地域の実情に合わない規制を見直すとともに、設計の自由度を確保するために段階的開発など事業者の創意工夫が活かせるようにするものである。具体的には、工場等制限法の撤廃、再開発地区計画の特例措置の緩和、日影規制の緩和、駐車場付置義務の適正化などが挙げられた。そして第三に「関連公共施設の整備」である。これは、民間都市開発の成立に必要な基盤整備を迅速化するため、駅前広場などの公共施設整備の早期確定、広域的な交通基盤の整備、歩行者デッキ・自由通路整備に係る補助金交付などが挙げられた。さらに事務局では、敷地面積１ha以上で３年以内に着手予定の不動産開発を286件収集し、関係省庁や自治体と運用改善の協議を開始した。

　このように民間都市開発投資の促進は、小泉首相の下で検討が開始され、その後の特区制度の構築という大胆な規制改革に繋がっていくことになる。

表2-4 「民間都市開発投資促進のための緊急措置」の内容（下線は筆者）

> １．基本的考え方
> 　　現下の厳しい経済状況を踏まえ、民間都市開発投資の前倒し・拡大を図るための緊急措置として、都市再生の主要な担い手である民間都市開発プロジェクトの立ち上がりを支援する。このため、都市再生本部が中心となり、関係省庁とも連携を図りつつ、東京都等地方公共団体と一体となって強力な推進体制を 整備する。
>
> ２．緊急措置の内容
> (1) 民間都市開発プロジェクトへの選定
> 　　民間の投資規模が大きく、かつ、都市再生上の意義が高い事業を選定する。
>
> (2) 民間都市開発プロジェクトへの支援
> 　　当該プロジェクトについて、民間事業者の時間リスクの軽減等を図りつつ、その創意工夫を活かし、早期に投資環境を整える観点から、以下の項目について、強力に支援する。
> ・都市計画・建築規制等をはじめとする諸規制について、民間事業者の事業計画意図を積極的に受け止め、柔軟かつ早期に対応する。
> ・都市計画道路など関連公共施設について、事業の立ち上げ支援のため、戦略性をもって重点的に整備する。
> 　　併せて、これらのプロジェクト支援を通じて、土地利用規制等各種の規制改革や公共施設整備などについて、民間都市開発プロジェクトに共通に必要となる制度の改善を図る。

2−3　既存法制度を超越した特区制度の具体化

（1）都市再生本部事務局による特区制度の枠組みの検討

　内閣官房では、民間事業者などからの要望を踏まえて、既存制度の運用改善では十分に対応しきれないと判断し、都市計画・建築規制の撤廃を事務局に指示した。事務局では、2001年10月から民間事業者が自由に不動産開発を行なうことを可能とするため、既存の都市計画・建築規制を全て適用除外とする特例制度と事業初動期における金融支援の検討を開始した。しかし、既存の法制度を抜本的に改正するには多大な時間を要することが見込まれ、早期に民間都市開発投資を発現させるには困難であった。そこで事務局では、「一国二制度」という仕組みを導入し、地域と時間を限った「社会実験」を行なう制度、いわゆる特区制度の創設を考案した。

　この特区制度というアイデアは、当時、他分野でも検討されており、米軍普天間基地の移設先に決まった沖縄県名護市がアイルランドを参考にして、金融機関に税制上の優遇措置を与える金融特区を政府に要請していた。しかし、金融特区は大蔵省（現在の財務省）から一国二制度に繋がるとして否定的な見解を示され進展しなかった。一方、事務局が特区制度の検討を進めることができた背景には、都市再生本部が行政機関の頂点である内閣官房に設置されたという点が大きかった。一般的に内閣官房は、主に内閣の重要政策の企画立案や総合調整を担う機関であり、都市再生本部のように特定分野の施策を実施する機関を設置した事例は殆ど無かった。そのため、都市再生本部は内閣の意向として施策を特別に実施しているという大義名分を得て、関係省庁との調整を強力に推し進めることが可能となった。また、内閣官房には、自由民主党の部会が存在しないため、施策の立案に関して国会議員や他省庁からの反発を受けることなく、特区制度の検討を水面下で進めることが可能であった。

　事務局では、民間事業者が早期に不動産開発を行なうことを想定したため、特区制度の対象地域は地権者との権利調整や住民説明などをあまり必要としない大都市中心部や臨海部を対象とした。一方、民間事業者の参入

意欲が低く、公的資金による支援が必要な木造密集市街地などは対象外と考えた。具体的な対象地域としては、東京都を念頭に置き、都市再開発法に基づく1号市街地（計画的な再開発が必要な市街地：東京都は23区全体）よりも狭く、2号地区（市街地の再開発を促進すべき相当規模の地区：東京都は455地区）よりも広い範囲を想定した。これが後の都市再生緊急整備地域の原型となった。

その後、特区制度による特例制度や金融支援の具体化は、事務局から都市計画法を所管する国土交通省都市局都市計画課と、不動産開発の支援を所管するまちづくり推進課へと指示された。

（2）国土交通省都市局による特例制度の構築

特例制度の検討指示を受けた都市計画課では、民間事業者による都市開発を阻害する要因として3つの問題意識を整理した。

第一に「自治体が事前確定的に土地利用規制を明示することが困難になっている」という点である。当時は都心回帰の動きもあり、都心部では民間事業者による活発な不動産開発が行なわれてきた一方で、臨海部では産業構造の変化と共に急速に土地の遊休化が進んでいた。しかし、自治体は、こうした社会経済情勢の激しい変化を見通して土地利用規制を変更することが困難となっていた。第二に「現行の土地利用規制が創造的な都市開発を行なう上で制約要因になっている」ということである。高度経済成長期以降、建築技術の進歩によって高層建築物は増加し、都心部では特例制度の活用が一般化していた。これは、現行の土地利用規制が民間事業者の不動産開発の制約となっているともいえた。加えて、こうした特例制度は自治体の運用によって、規制緩和の上限が設定されたり、許可に時間を要したりするなど、民間事業者の不動産開発を促進する観点から十分なものとはなっていなかった。第三に「現行の都市計画制度は民間事業者の役割を十分に受け止めきれていない」ということである。都市における建築活動の大部分は民間事業者によって行なわれているにも関わらず、現行制度は自治体が一方的に都市計画を決定し、民間事業者の意向を十分に受け入れてはいなかった。そのため、民間事業者のアイデアや意向を認めて、

都市計画として受け止めるための仕組みの必要性が高まっていた。

こうした問題意識をベースとして都市計画課では、民間事業者の構想や計画を都市計画として実現するための提案制度の創設と、民間事業者が創意工夫を発揮して自由に事業計画が立案できるようにするための特例制度の創設を考案した。これが都市再生特別措置法における「都市再生特別地区、都市計画提案制度、期限を区切った都市計画決定」に繋がっていったのである。

この新たな特例制度は、曖昧な市街地像しか持ちあわせていなかったこれまでの用途地域による土地利用規制に代わって、将来の市街地像を明らかにすることのできる土地利用規制として活用されることが期待された。そこで将来の目指すべき市街地環境を具体化するため、都市計画課では都市再生緊急整備地域ごとに都市再生本部が作成する地域整備方針において、地域内で増進すべき都市機能や公共公益施設を明示することに加えて、地域内の壁面位置や高さなどの建築形態をあわせて明示することを強く要望した。そして新たな特例制度は、この地域整備方針に従って、民間事業者が創意工夫を発揮して都市再生に資する事業計画を立案し、その提案を都市計画審議会で一定の期間内で審議して、現在の都市計画・建築規制を変更する必要があるか否かを判断することを想定した。

（3）都市再生本部と国土交通省都市局との対立

都市再生本部は12月4日に行なわれた第5回会合において「都市再生のために緊急に取り組むべき制度改革の方向」を決定した。制度改革の方向では、民間事業者の力による都市再生の推進のために、既存法制度の運用改善に加えて法改正の項目を提示した。しかし、この段階では特区制度に関連するものは提案制度しか明示されておらず、新たな特例制度である都市再生特別地区は含まれていなかった。これは、民間都市開発投資の最大化および早期化を実現するために無条件での都市計画・建築規制の撤廃を目指すべきであると主張する都市再生本部と、あくまでも新たな都市計画を策定するものであると主張する国土交通省都市局との見解が異なっていたからである。その後、法制化の期限が差し迫ってくるなかで、都市再

表2－5　内閣総理大臣指示の内容（下線は筆者）

---

1. 都市再生本部において、自治体の意向を勘案して緊急都市再生地域を定める。

2. 緊急都市再生地域を対象に次の特別措置を講じる。

　① 都市計画・事業に関する措置
　　・既存の都市計画に基づく規制を全て適用除外とし、民間事業者が自由に事業計画を立案できる新しい都市計画制度を導入
　　・自治体は、民間事業者による事業計画の申出によって、一定期間内に必要な都市計画手続きを開始
　　・自治体は、都市計画の決定と事業認可を同時に決定

　② 民間事業者に対する金融支援等のための措置
　　・民間事業者が収益施設と公共施設を一体的に整備する一定のプロジェクトを認定
　　・認定プロジェクトに対して事業立ち上げ段階を中心にして強力な金融支援等を実施

生本部は新たな特例制度を表向きには既存の都市計画・建築規制を撤廃するものと公表しつつも、実際の運用では民間事業者が自由に事業計画を立案したもので新たな都市計画を策定するという仕組みにすることで合意した。

　この合意を踏まえて、12月14日には首相指示として特区制度の全体像が初めて提示された。首相指示では、都市再生本部に対して、都市再生緊急整備地域の指定と民間都市開発投資を促進させるための特別措置を指示した。この特別措置には「既存の都市計画に基づく規制を全て適用除外として民間事業者が自由に事業計画を立案できる新しい都市計画制度の導入」という都市再生特別地区の原案が初めて公表された。

　特区制度は翌年の通常国会での法制化を目指したため、9月の意見聴取から約3ヶ月という非常に短い期間で構築された。しかし、都市計画課では都市計画・建築規制の問題点を解消するため、無条件に既存の都市計画の規制を全て適用除外とする特例制度ではなく、既存の都市計画・建築規制を全て適用除外して民間事業者と自治体が協議を行ない、その地域に相応しい新たな都市計画を設定するというこれまでには見られない画期的な制度の創設に成功したのであった。

　こうした新たな制度に関する議論は、都市再生本部以外でも行なわれ

ていた。小泉首相が規制改革を推進するために2001年4月に設置した総合規制改革会議では、都市再生を規制改革の重点6分野として選定した。議論は都市再生本部や国土交通省で検討されていた内容を基に行なわれ、12月の第一次答申として「都市のグランドデザインの策定、民間提案型の都市計画手続の導入、都市計画・建築規制の事前明示性の確保、計画許可制度の導入、集団規定などの性能規定化の推進、都市計画・建築規制の説明責任、違反建築物対策」が提言された。このうち計画許可制度の導入は、街区・地区単位での都市計画・建築規制を課し、周辺との整合を勘案して緩和や規制を柔軟に行なえるものとされ、都市再生特別地区を念頭においた提言が行なわれていた。

　また、2001年9月に都市再生担当の首相補佐官として任命された牧野徹氏（元都市基盤整備公団総裁、元建設省事務次官）は、私的研究会として学識経験者や企業経営者から構成される「都市再生戦略チーム」を設置した。このチームでは、有識者からの意見聴取によって都市再生のための規制改革を議論した。11月末には基本的な論点として「都市計画のゼロベースでの見直し、都市計画関連制度の合理化、都市再生促進基金などの資金面での支援措置、草の根のまちづくりの支援、公益と私益の調整」を小泉首相に進言した。このうち都市計画のゼロベースでの見直しは、公的セクターなどが事業主体となって臨海部遊休地や木造密集地域などで開発規制の適用を除外することを想定しており、都市再生特別地区とは異なるものであったため実現はしなかった。一方、「草の根のまちづくり支援」は2002年に全国都市再生の推進として実現するに至った。

2-4　都市再生特別措置法のスピード成立

(1) 都市再生特別措置法の成立

　国土交通省では、2002年1月に第154回通常国会提出予定法案として都市再生特別措置法の概要を公表した。法案の概要は「都市再生本部は基本方針を策定する、政令で都市再生緊急整備地域を定める、地域内で認定を受けた事業に対する金融支援を実施する、高度利用が必要な地域に都市再生特別地区を定めて都市計画の特例を認める」ことであった。

　そして翌月の2月に行なわれた小泉首相による第154回施政方針演説では、昨年12月に都市再生本部へ指示した内容である「都市計画に係る規制をすべて適用除外とし、民間事業者が自由に事業計画を立案できる新しい都市計画制度の導入」に加えて「民間事業者に対する強力な金融支援」を表明した。このように都市再生特別地区と金融支援は、施政方針演説に取り上げられるほど最重要の施策とされ、同月の閣議によって都市再生特別措置法案が決定し、3月に衆議院本会議および参議院本会議で可決、4月に都市再生特別措置法が公布されるに至った。

表2-6　第154回国会における施政方針演説の主な内容（主要部のみ抜粋、下線は筆者）

民間事業者の力を最大限生かして都市開発事業を推進することは、都市の再生に加え、土地の流動化を通じた不良債権問題の解消を図る上で極めて重要です。 　<u>都市計画に係る規制をすべて適用除外とし、民間事業者が自由に事業計画を立案できる新しい都市計画制度を導入</u>するとともに、民間事業者に対する強力な金融支援などを実施します。

表2-7　都市再生の発案から都市再生特別措置法施行までの経緯

時　期	主　体	動　き
1999/ 2/26	経済戦略会議	「日本経済再生への戦略」の答申、土地の有効利用を不良担保不動産等の流動化と一体的に推進するための都市再生委員会の設置を提案
1999/ 6/22	経済団体連合会	都市再生への提言、既存の特例制度の積極的活用を提案
2000/ 1/21	建設大臣	私的懇談会として都市再生推進懇談会の設置
2000/11/30	都市再生推進懇談会	「東京圏の都市再生に向けて」の報告
2001/ 3/ 9	与党三党幹事長	緊急経済対策のとりまとめ、都市再生本部の設置が明記
2001/ 4/ 6	経済対策閣僚会議	「緊急経済対策」の決定、都市再生本部の設置と都市再生プロジェクトの推進が明記
2001/ 5/ 7	小泉首相	第151回国会所信表明演説、都市再生本部の設置を宣言
2001/ 5/ 8	閣議	都市再生本部の設置を決定
2001/ 5/18	都市再生本部	初会合の開催、都市再生に取り組む基本的考え方を公表
2001/ 6/14	都市再生本部	第一次都市再生プロジェクトの決定
2001/ 6/15	日本プロジェクト産業協議会	大都市圏の都市構造再編に向けて優先的に実施すべきプロジェクトの提言
2001/ 7/ 5	社会資本整備審議会都市計画分科会	国土交通大臣から「21世紀の新しい潮流に対応した都市再生のあり方はいかにあるべきか」について諮問
2001/ 7/24	総合規制改革会議	都市再生を含む重点6分野に関する中間とりまとめを公表
2001/ 8/20	日建連、土工協、建築協	土地利用に関する規制の問題点や改善事項の提出
2001/ 8/23	都心5区の区長	「都心再生に向けての提言」の公表、土地利用に関する権限の拡充やまちづくり財源を確保する開発特区制度の創設を提案
2001/ 8/28	都市再生本部	「民間都市開発投資促進のための緊急措置」を決定、民間事業者の事業計画意図を積極的に受け止めて柔軟かつ早期に対応することを明記
2001/ 9/ 6	不動産協会	都市再生推進のための規制改革に対する意見の公表、大規模な街区への再編・統合に対する容積率の大幅な割増を提案
2001/ 9/21	都市再生戦略チーム	首相補佐官の私的研究会として設置、同日初会合開催
2001/10/11	社会資本整備審議会建築分科会	国土交通大臣から「高齢化対策、環境対策、都市再生等、21世紀における新たな課題に対する建築行政のあり方」について諮問

時　期	主　体	動　き
2001/12/ 4	都市再生本部	「都市再生のために緊急に取り組むべき制度改革の方向」の決定、提案制度の創設を明記
2001/12/11	総合規制改革会議	第一次答申の公表、計画許可制度の導入を提案
2001/12/14	小泉首相	内閣総理大臣指示、都市再生緊急整備地域の指定と都市再生特別地区の創設および金融支援の措置を明記
2002/ 1/24	国土交通省	都市再生特別措置法の概要公表
2002/ 1/30	社会資本整備審議会建築分科会	「高齢者対策、環境対策、都市再生等、21世紀における新たな課題に対応するための建築行政のあり方について」の第一次答申
2002/ 2/ 4	小泉首相	第154回国会における施政方針演説
2002/ 2/ 7	社会資本整備審議会都市計画分科会	「21世紀の新しい潮流に対応した都市再生のあり方はいかにあるべきか」の中間とりまとめの公表
2002/ 2/ 8	閣議	都市再生特別措置法案の閣議決定
2002/ 3/22	衆議院本会議	都市再生特別措置法案の可決
2002/ 3/29	参議院本会議	都市再生特別措置法案の可決
2002/ 4/ 5	都市再生特別措置法の公布（2002/ 6/ 1施行）	

出所）都市再生本部資料、新聞記事を基に作成

（2）都市再生緊急整備地域の指定と地域整備方針の作成

　都市再生本部では、都市再生特別措置法の公布後に第6回会合を開催し、都市再生緊急整備地域の指定の考え方として、地域指定基準と具体的な地域イメージを提示した。さらに7月に行なわれた第7回会合では、都市再生基本方針（案）、第一次指定となる都市再生緊急整備地域（案）、地域整備方針（案）が公表された。

　都市再生緊急整備地域（案）の公表では、第一次指定として東京都、大阪府・大阪市、名古屋市、横浜市の17地域、約3,515haが提示され、7月24日付で指定された。さらに第一次指定される地域の整備方針（案）も提示された。この地域整備方針（案）は、「整備の目標、都市開発事業を通じて増進すべき都市機能に関する事項、公共施設その他の公益的施設の整備に関する基本的事項、緊急かつ重点的な市街地の整備の推進に関し必要な事項」から構成された。

前述したとおり、都市計画課では特例制度の検討に際し、地域整備方針には都市再生特別地区の指定根拠として、目指すべき市街地環境として増進すべき都市機能や公共公益施設を明示することに加えて、地域内の壁面位置や高さなどの建築形態についても具体的に明示することを想定していた。しかし、事務局によって作成された地域整備方針（案）は、表2－8に示したように都市再開発法に基づく方針と同様に抽象的な文言で作成されており、当初想定していたものとは大幅に乖離したものとなってしまった。

図2－1　東京都における第一次指定の地域

東京駅・有楽町駅周辺地域　　　　　環状2号線新橋周辺・赤坂・六本木地域

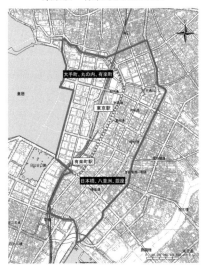
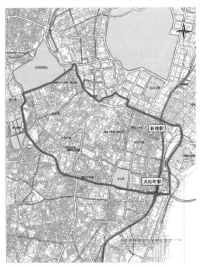

秋葉原・神田地域 東京臨海地域

新宿駅周辺地域 大崎駅周辺地域

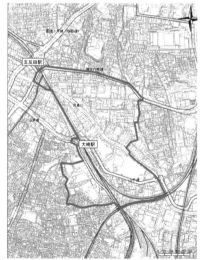

出所）都市再生本部（2002b）より転載、他に環状四号線新宿富久沿道地域が指定

2章 都市再生の発案と構築

表2-8 東京駅・有楽町駅周辺地域の地域整備方針（案）

整備の目標	都市開発事業を通じて増進すべき都市機能に関する事項	公共施設その他の公益的施設の整備に関する基本的事項	緊急かつ重点的な市街地の整備の推進に関し必要な事項
［大手町、丸の内、有楽町］ 東京都心において、我が国の顔として、歴史と文化を活かしたうるおいと風格ある街並みを備えた国際的な中枢業務・交流拠点を形成 この際、併せて、商業・文化・交流などの多様な機能を導入することにより、にぎわいと回遊性のある都市空間を形成	○中枢業務拠点にふさわしい高次の業務機能の強化とこれを支える商業・文化機能等多様な機能の導入 ・高次の業務機能の強化 ・業務機能を支え、アメニティを高める商業・文化・交流・宿泊機能等を強化 ○成田・羽田空港と直結する交通拠点機能の強化	○東京駅周辺において、東京駅舎を保存・復元するとともに、駅前広場や街路等を整備することにより、東京の顔にふさわしい景観を確保するとともに、交通利便性を向上 ・丸の内側については、駅前広場の整備や行幸通りの景観整備により、我が国の顔となる空間を形成 ・八重洲側については、駅前広場を再整備 ・駅周辺の回遊性を高めるため歩行者ネットワークを充実・強化	○丸の内の仲通りに面した地域などにおいては、通りに面した壁面の位置や高さを整えるなどにより、風格ある街並みの形成に資する都市開発事業を促進 ○東京駅などの未利用の容積を活用しつつ、用途の配置や容積の配分を適正に行なうことにより、メリハリのある高度利用を実現 ○日本橋川の沿川においては、水辺環境を生かした都市開発事業を促進
［日本橋、八重洲、銀座］ 東京都心において、老朽建築物の機能更新や土地の集約化等により、歴史と文化を生かしたうるおいと風格ある街並みを形成しつつ、業務・商業機能等が適切に調和した魅力ある複合機能集積地を形成 特に、中央通りを中心とした地域においては、魅力とにぎわいにあふれた国際的な商業・観光拠点を形成	○業務・商業機能等を高度化 また、居住機能を回復 ・建築物の低層階に商業・文化・交流機能等の導入により商業機能を強化 ・業務・商業機能との調和に配慮した居住機能の回復を促進	○都営浅草線東京駅接着など空港アクセス強化の早期実現について検討 ○大都市における環境の再生のモデルとして、日本橋川の再生を検討 この際、あわせて首都高速道路のあり方を検討 ○その他、以下を実施 ・建築物の更新により整備される敷地内空地などのネットワーク化等により安全・快適な歩行者空間を確保 ・大手町、丸の内、有楽町地域の駐車場について、公共と民間、民間相互の連携などにより、効率的なネットワーク化を地域において検討 ・銀座地域において、駐車場や荷さばき場の集約的な整備を地域において検討	○銀座の中央通り等に面した地域などにおいては、通りに面した壁面の位置や高さを整えるなどにより、歩行者空間の充実と、魅力ある商業空間の形成を図る都市開発事業を促進 ○歴史的建造物の機能更新等にあたっては、これを生かした都市開発事業を促進 ○日本橋川の沿川においては、水辺環境を生かした都市開発事業を促進

出所）都市再生本部（2002c）を基に作成

2-5　都市再生施策の活用開始

(1) 最初に活用された金融支援と都市再生特別地区

　都市再生緊急整備地域の指定を受けて、まず初めに活用された都市再生施策は金融支援であった。国土交通省は、2003年1月に東京都港区の都営南青山一丁目団地建替事業（民間事業者：南青山アパートメント（出資者：三井不動産、大成建設、伊藤忠商事）を民間都市再生事業計画に認定した。この事業は、都営住宅の建替えに際して70年間の定期借地権を設定し、民間事業者に150戸の都営住宅、公益施設（保育園、図書館）、民間施設（390戸の賃貸住宅、商業施設・オフィスなど）を整備するものであった。この事業に対して国土交通省が所管する民間都市開発推進機構は、金融支援のために設立した都市再生ファンド投資法人を通して、南青山アパートメントの無担保社債68億円を着工時に取得した。また同年5月には東京都港区の臨海副都心有明南LM2・3区画開発事業（民間事業者：テーオーシー）、10月には東京都千代田区の（仮称）UDXビル計画（民間事業者：ユーディーエックス特定目的会社）、12月には名古屋市の（仮称）名駅四丁目7番地区共同ビル建設事業（民間事業者：東和不動産他）

図2-2　都営南青山一丁目団地建替事業の事業スキームと施設構成

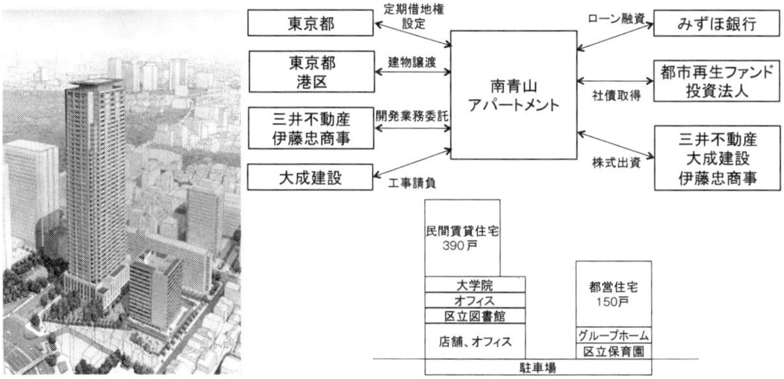

出所）みずほ銀行ニュースリリースを基に作成

2章　都市再生の発案と構築

が相次いで認定され、金融支援を受けた。

　一方、都市再生特別地区は、東京都ではなく2003年2月に大阪市の心斎橋筋一丁目地区で初めて指定された。この地区は、2000年12月末に閉店したそごう大阪店の建替事業であった。そごうは、メインバンクである日本長期信用銀行の経営破綻に伴って2000年7月に民事再生法の適用下となったが、再生のシンボルとして旗艦店であるそごう大阪店の建替を計画した。そごうは、1階の売場面積を広く確保するため、従来の特例制度における公共貢献であった空地や広場はできる限り少なくしたいと考え、都市再生特別地区を活用することを検討した。大阪市との協議によって、そごうは「集客魅力・にぎわいの創出、地下鉄駅接続部のバリアフリー化、経済波及・税収効果、雇用創出効果」を公共貢献として提案し、容積率の最高限度が1,000％から1,300％まで緩和された。また、同月には都市再生特別地区として、前述の（仮称）名駅四丁目7番地区共同ビル建設事業の名駅四丁目7番地区が指定され、同年7月には札幌市のニッセイ札幌ビル建設事業の北3西4地区、12月には横浜市の山内ふ頭周辺地区土地区画整理事業の山内ふ頭周辺地区など東京都を除く全国で相次いで指定された。

表2-9　そごう大阪店（現：大丸心斎橋店北館）の施設概要

施設概要		竣工写真
所在地	大阪市中央区心斎橋筋1丁目	
用途地域	商業地域	
主要用途	店舗、ホール・ギャラリー	
事業期間	2001年〜2005年	
敷地面積	4,800㎡	
延床面積	58,400㎡	
建物階数	地上14階、地下2階	
都市再生への貢献	✓ 集客魅力・にぎわいの創出 ✓ 地下鉄駅接続部のバリアフリー化 ✓ 経済波及・税収効果 ✓ 雇用創出効果	
割増容積率	1,000％→1,300％（300％）	

出所）真田（2003）を基に作成、写真は参考文献5）から転載

（2）都市再生特別地区の活用が遅れた東京都

　東京都では、都市再生本部の設置を受けて、2001年5月に副知事を座長とし、局長級幹部で構成される都市再生プロジェクト東京都推進会議を設置して検討を開始した。都市再生特別措置法の内容が固まると、東京都は区への説明や意見聴取に加えて、都民からの意見募集や民間事業者へのヒアリングを行なったうえで都市再生緊急整備地域の案を作成し、2002年6月に都市再生本部に対して申し入れを行なった。

　第一次指定の地域が決定した後、東京都では都市再生施策の活用検討状況を民間事業者にヒアリングした。その結果、地域内で32の不動産開発が着手されており、約半数は都市再生特別地区の活用を検討していたことがわかった。東京都ではこれら全ての不動産開発において都市再生特別地区が提案された場合、6ヶ月以内に都市計画審議会で審議することは困難であると考え、審議会の前裁きとして都職員から構成される検討会と審査会を9月に設置した。この検討会は、民間事業者から公共貢献の取組内容や都市計画素案の作成方法に関する相談を行なうための敷居の低い窓口として設置された。その後、12月には都市再生特別地区に関する運用手続きを定めた「東京都における都市再生特別地区の運用について」が公表され、事前相談の手続きが明文化された。この手続きで定められた事前相談や検討会・審査会の仕組みは、都市計画決定の見通しが把握できない状態で民間事業者が正式提案を行なって時間を無駄にするよりも、事前相談や検討会・審査会において協議することで都市計画決定の可能性を高めることが可能となることを理由に導入された。

　この方針に基づいて、既に従来の特例制度の活用に向けて協議を行なっていた東京都品川区の明電舎工場跡地再開発事業において、民間事業者である明電舎から都市再生特別地区の提案を受ける形で審議を実施し、2004年1月に大崎駅西口E東地区の指定が決定された。この地区では、「基盤施設整備への貢献、交通広場機能の充実・強化、公共駐輪場の早期整備実現、歩行者ネットワーク形成、憩いと賑わいの空間づくり、環境負荷低減」が提案され、容積率の最高限度が300％から750％まで緩和された。特に賑わいと憩いの空間づくりでは、敷地面積の約4割を1.3万本

の樹木で覆ったシンクパークフォレストを整備した。また翌年には、大崎駅西口E東地区に隣接した地域で実施されていた大崎駅西口中地区第一種市街地再開発事業において、民間事業者である再開発準備組合から提案を受けて2005年3月に大崎駅西口A地区の指定が決定された。

表2-10 シンクパークタワーの施設概要

施設概要		竣工写真
所在地	東京都品川区大崎2丁目	
用途地域	準工業地域	
主要用途	オフィス、店舗	
事業期間	1985年～2007年	
敷地面積	18,850㎡	
延床面積	151,938㎡	
建物階数	地上30階、地下2階	
都市再生への貢献	✓ 基盤施設整備への貢献 ✓ 交通広場機能の充実・強化 ✓ 公共駐輪場の早期整備実現 ✓ 歩行者ネットワーク形成 ✓ 憩いと賑わいの空間づくり ✓ 環境負荷低減	
割増容積率	300%→750%（450%）	

出所）東京都都市計画審議会資料を基に作成、写真は参考文献5）から転載

2-6 従来の特例制度とは大きく異なる都市再生特別地区の特質

　都市再生特別地区と同様に都市計画・建築規制を緩和する制度、いわゆる特例制度はこれまで数多く創設されてきた。それでは、都市再生特別地区と従来の特例制度はどのような点で異なっているのだろうか。本節では、これまでの特例制度の創設経緯を整理することで、都市再生特別地区の特質を明らかにする。

（1）都市計画・建築規制の根拠とは

　そもそも建築物に対する規制は、なぜ必要なのであろうか。1919年に制定された都市計画法と市街地建築物法（建築基準法の前身）の策定に携わった笠原敏郎氏（内務省都市計画局技官）は、図2-3に示すように建築物の規制を用途と形態に分けて、その根拠を論じている。笠原氏は、用途に関する規制を各建築物の固有の機能を十分に発揮するための合理的な配置を確保するために必要であると述べている。例えば、工場と住宅が隣接していた場合、工場は住宅への騒音や排煙などの影響に配慮して十分に操業することができないし、住宅は工場操業による悪影響によって良好な住環境を十分に確保することができない。そのため、こうしたお互いに馴染まない建築物は隣接しないように配置させるために用途を規制する必要があるということである。

　一方、形態に関する規制は、容量と形状の規制に分けて必要性を説明している。容量規制は道路や上下水道などの都市施設に過大な負荷を与えずに施設の能力を維持するようにするために必要であり、形状規制は建築物

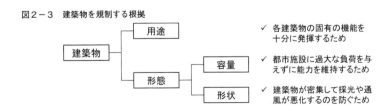

図2-3　建築物を規制する根拠

図2-4 建築物を規制する根拠と各規制の対応

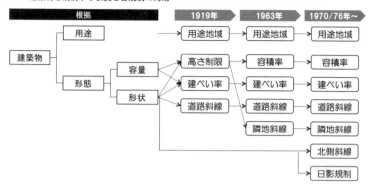

が密集することで採光や通風の悪化を未然に防ぐために必要であると述べている。

　これらの根拠を拠所として、1919年に公布された都市計画法と市街地建築物法では、図2-4に示すとおり用途規制の手段として用途地域が設けられ、形態規制の手段として容量と形状の両方の規制を目的とした高さ制限と建ぺい率制限（敷地面積に対する建築面積の割合）が導入された。また、道路への採光や通風を確保するために形状規制として道路斜線制限が設けられた。

　その後、1963年の建築基準法改正では、容量規制を目的とした高さ制限に代わって、容積率規制が導入されることになった。また、容積率だけでは形状規制が十分ではないとして、一定の隣棟間隔を確保するために隣地斜線制限が設けられた。その後、1970年には住宅地の市街地環境の確保するための形状規制として北側斜線制限が設けられ、1976年には日照紛争の増加に伴って日影規制制限が新たに設けられることとなった。こうした北側斜線制限や日影規制制限の導入は、形状規制の根拠とされた採光や通風の確保に加えて、社会経済情勢の変化に伴って日照の確保が新たに建築物の規制の根拠に追加されたことを物語っている。我が国では、このようにして現在の都市計画・建築規制の骨格が形成されていったのである。

（2）都市計画・建築規制を例外とする特例制度の変遷

　建築物に対する規制を一部例外とする特例制度は、1961年の建築基準法改正で創設された特定街区に端を発している。当時、高度経済成長による大都市への急激な人口流入によって、建築物は高層化の必要性が迫られていた。しかし、敷地単位で高さ制限と建ぺい率制限が課せられており、一体的な街区で高層建築物を整備するには不都合な点が多かった。そこで一律の規制を適用して最低水準の市街地環境を確保するよりも、個別に審議してより高い水準の市街地環境を実現する特定街区が創設された。特定街区では、高さ制限の代わりに第1種（100%）から第6種（600%）の容積率制限を適用することが可能となった。なお、特定街区の適用は、従来の高さ制限と建ぺい率による容積を超えない範囲とされた。

　しかし、2年後の1963年に容積率規制が全面的に導入されるのに伴って、特定街区は一体的な街区の整備に際して、公開空地を確保することで容積率を緩和する制度へと改正された。この制度改正の背景として、当時の大都市中心部では、狭小な敷地に建ぺい率一杯に中高層建築物が建設される状況にあり、敷地統合や建物の共同化の促進とともに敷地内に有効な空地を確保する必要性に迫られていたからである。容積率が対価として用いられた理由には、一律の規制で定められている容積率を基準として割増率を設定することが容易であったこと、有効空地の面積と割増率との間に比較的単純な量的比例関係を設ける方がわかりやすかったためである。また、1961年のニューヨーク市におけるゾーニング条例の改正によって創設されたインセンティブ・ゾーニングも参考とされた。この特定街区を初めて活用した不動産開発が我が国初の超高層建築物となった霞が関ビルディング（東京都千代田区霞が関）である。1968年に竣工した霞が関ビルは、当初高さ制限一杯の31mの9階建てのオフィスビルを開発する計画であった。しかし、特定街区の創設を受けて、地上に大きな広場を備えた地上36階地下3階の高さ147mとなる超高層建築物へと変更された。

　こうした公開空地の確保によって容積率を緩和するという制度の根拠は、どこにあるのであろうか。ここで容量規制と形状規制によって確保できる市街地環境水準を図2-5に示すように縦軸と横軸に分けた図を用いて整

図2−5 1963年の特定街区改正、1970年総合設計創設の根拠

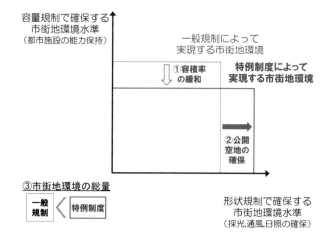

理してみる。なお、容量規制と形状規制によって確保できる市街地環境は必ずしも直交関係にあるとはいえず、あくまでも特例制度の根拠を考える際のイメージ図である。公開空地の確保は、採光や通風といった形状規制で確保する市街地環境水準の増加に寄与（図中②）する。一方で、その対価として容積率が緩和されるため、都市施設の能力維持といった容量規制で確保する市街地環境水準は低下（図中①）する恐れがある。しかし、このような取り組みを通して、市街地環境水準の総量（各水準で囲まれた四角形の面積）が増加（図中③）することに繋がるのであれば、特例制度は合理的な根拠を有していると正当化できるといえる。

特定街区改正の7年後の1970年には、特定街区の一般化を図るために建築基準法が改正され、敷地内に一定規模以上の空地を確保した建築物に対して、容積率、高さ制限、斜線制限を緩和する規定が各条文に追加された。これは総合設計と名付けられ、1976年に各規定の条文は統合された。この総合設計を初めて東京23区で活用した不動産開発が旧第一勧業銀行本店ビル（東京都千代田区内幸町）である。隣接する日比谷公園越しに霞が関の官庁街や国会議事堂を一望するこのオフィスビルは1980年に竣工し、地上32階地下4階、延床面積13.5万㎡という建物規模であった。こ

れは同時期にニューヨーク市で竣工したシティコープセンター（延床面積12万㎡、地上59階）や、香港で竣工した香港上海銀行本店ビル（延床面積9.9万㎡、地上44階）といった海外主要銀行の本店ビルを凌ぐ巨大建築物であった。

　その後、総合設計は、地価高騰によって減少している都心部の住宅供給を回復させるため、1983年に延床面積の3分の2以上が住宅である建築物に対して容積率をさらに緩和することとした。さらに翌年には、特定街区においても見直しが行なわれ、空地の確保だけでなく、住宅や公益施設の導入、歴史的建造物の保全・修復によっても容積率が緩和されることになった。この特定街区の適用条件の拡大は、1983年に中曽根首相の指示を受けた建設省が東京都心部の高層化を検討する中で考案した。具体化な検討は、建設省から日本都市計画学会に設置された高度利用方策検討研究会（委員長：川上秀光東大教授）に委託され、従来は空地のみに限定していた適用条件を屋上や建物内の内部空間や地下広場なども同様とし、さらに大都市中心地域などにおける住宅の整備、地域の核となる複合的な機能（商業・業務、生活・文化など）の整備、地域に寄与する施設等（防災施設・設備、地域冷暖房、集合駐車場、地下鉄出入口など）の整備、歴史的建造物の保全・修復まで拡大することとなった。この適用条件が多様化した背景には、高度経済成長期に蓄積された都市環境の未整備、災害の危険性、職住の遠隔化、交通混雑などといった都市問題が依然として深刻であり、このまま高密化が進めば過密問題が激化して都市全体の環境悪化と経済不効率化を生じる恐れがあったためである。

　こうした様々な適用条件の拡大は、どのように正当化できるのであろうか。拡大された適用条件のうち、住宅の整備は、他用途と比較しても都市施設への負荷が時間的かつ容量的にも異なることに加えて、職住近接によって都市施設への負荷を軽減する効果も見込まれたため、容量規制で確保する市街地環境水準を低下させるものではないと判断できる。しかし、地域の核となる複合的な機能の整備や歴史的建造物の保全・修復は、他用途と同様に都市施設への負荷を与える可能性を有しているとの指摘もあり、住宅の整備と同様に容量規制で確保する市街地環境水準を低下させるもの

図2-6 1984年の特定街区改正、1983年総合設計改正の根拠

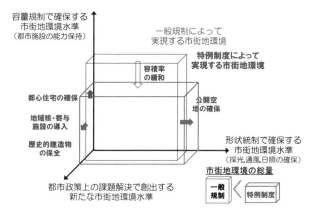

ではないと判断するには困難である。

　それでは、地域の核となる複合的な機能の整備や歴史的建造物の保全・修復による容積率の緩和は正当化できるのであろうか。再び前述のイメージ図を用いて図2-6に示すように考えてみる。拡大された適用条件は、従来の容量規制や形状規制で確保する市街地環境水準を向上させるという2次元の枠組みを超えて、都市政策上の課題を解決することで市街地環境を創出するという新たな次元（軸）を追加したものであると捉えることができるのではないだろうか。そのため、容量規制で確保する市街地環境水準が低下しても、形状規制で確保する市街地環境水準や新たな市街地環境水準が向上することを通して市街地環境水準の総量（立方体の体積）が増加）することに繋がるのであれば、特例制度の改正は合理的な根拠を有していると正当化できるといえる。

　こうした新たな市街地環境の創出は、最低水準を定めることが困難であることに加え、民間事業者による協力が必要不可欠であることから、従来の市街地環境と同様に規制によって確保するのではなく、一般規制を緩和して誘導するという手法が用いられたと考えられる。それゆえ、公開空地の確保に加えて地域核・寄与施設の導入や歴史的建造物の保全などを行なうことで容積率を緩和するという仕組みが正当化されているといえる。

その後、こうした新たな役割の有した特例制度は、高度利用地区の改正や再開発地区計画の創設においても導入されていった。なかでも再開発地区計画は、建設省の通達では容積率を既存の都市計画で指定されている数値に関係なく定めることとされ、これまでの特例制度から一歩踏み込んだ内容となった。しかし、東京都などの運用基準では都市施設などの整備状況に加えて、空地の確保や住宅・コミュニティ施設・福祉施設等の導入、歴史的・文化的環境の保全などの貢献度を積み上げて評価するという従来の特例制度と変わらない方針をとった。

（3）都市再生特別地区の位置づけ

　その後、特例制度の活用件数の増加に伴って、前節の都市再生施策の構築でもみたように特例制度の問題点が徐々にあらわになってきた。図2－7にその問題点を列挙した。
　第一の問題として指摘されたのが、都市政策上の課題解決の方法が自治体の運用基準によって厳格に規定されており、その評価も詳細な算定式によって積上方式で行なわれるため、地域の実情にあわせて創意工夫を行なっても適切に評価されないという点である。例えば、公開空地に植栽や

図2－7　従来の特例制度の問題点

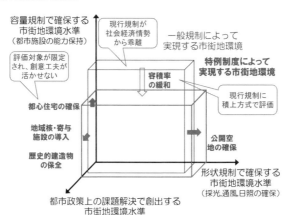

休憩設備を追加したり、地域核・寄与施設の整備のみならず運営も関与したとしても十分に評価されてこなかった。

第二の問題は、既存の規制が社会経済情勢の変化に十分に対応できなくなっている中で、既存の規制をベースに公共貢献を評価して容積率を積み上げていく方法は合理性に欠けているのではないかという点である。例えば、遊休化した工場跡地などはそもそも容積率が低く抑えられてきたため、これらの地域で公共貢献をして容積率を積み上げたとしても従前の容積率が低いために適正に評価されていないのではないかというである。

さらに第三の問題として、特例制度は民間事業者の責務が詳細に規定される一方で、特例制度を適用するか否かという判断は自治体のみが有していた。これは、自治体が民間事業者の活力を活用して協働で都市政策上の課題を解決するという観点からみても、健全な関係であるとはいえないのではないかという点である。こうした従来の特例制度における問題を解決するため、図2－8に示したように民間事業者からの提案による公共貢献を適用条件とし、既存の都市計画に基づく規制を全て適用除外として、新たに都市計画を設定する都市再生特別地区および提案制度が創設されたと位置づけられる。

こうした都市再生特別地区のアイデアは、既に1983年の高度利用方策

図2－8　都市再生特別地区の根拠

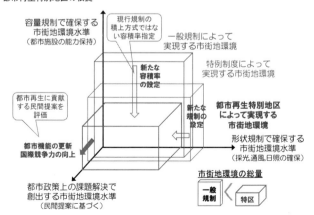

検討研究会において検討されていたものであった。研究会では、特定街区における公共貢献の少なさや現行の都市計画をベースとした緩和などの欠点を克服するため、現行の都市計画の枠を地区の計画の内容によって外すことのできる「特定計画地区」という特例制度の提案を行なった。この特定計画地区は、その実現を促進する手法として、容積率、建ぺい率、斜線制限、融資、税制、計画助成などのインセンティブにより、民間事業者による不動産開発を誘導することを目的としたものであった。この特定計画地区の概念は、1980年代後半の再開発地区計画制度の検討の際にも参考とされたが、民間事業者と自治体との協議や公共貢献の評価の仕組みは取り入れられない状態で法制化された。そして、約20年間を経た2002年において、都市再生特別地区としてその提案内容のほとんどがようやく実現したのであった。

第 3 章

都市再生の光：地価上昇と多様な公共貢献の創出

3-1　再生した大都市中心部

（1）全国65箇所に指定された都市再生緊急整備地域

　都市再生緊急整備地域は、2002年7月の第1次指定から2007年2月の第6次指定にかけて表3-1に示したように全国65箇所6,656haが指定された。

　第1次指定では、主に東京都特別区、横浜市、名古屋市、大阪市といった大都市中心部や臨海部に指定されたが、中には大阪府守口市や寝屋川市といった大都市近郊の都市にも指定された。守口市は、地下鉄谷町線大日駅周辺にあった三洋電機工場跡地の土地利用転換と周辺の密集市街地整備を目的に守口大日地域として指定された。また、寝屋川市は京阪本線寝屋川市駅周辺の密集市街地における市街地再開発事業の推進を目的に寝屋川市駅東地域として指定された。何れの地域も他の都市再生緊急整備地域と比較しても狭小であり、想定されていた不動産開発も少なかったが、都市再生の検討に継続的に関与してきた大阪府に配慮して指定された。

　第2次指定では、札幌市、仙台市、京都市、神戸市、北九州市、福岡市などの地方政令指定都市、京都府向日市や長岡京市、兵庫県尼崎市、香川県高松市といった地方都市に指定された。このうち向日市や尼崎市は駅周辺の大規模工場跡地の土地利用転換、長岡京市や高松市は中心市街地の活性化を目的として指定された。その後、第3次指定以降も同様に、都市再生の主対象とされた大都市に限らず地方都市にも幅広く指定されていった。

　2007年以降、新たな指定はしばらくの間行なわれていなかったが、2009年の民主党への政権交代によって都市再生は再び動き出した。鳩山内閣が2009年に策定した新成長戦略では、大都市の成長戦略の策定が早期実施事項として掲げられ、成長戦略の実現手段として都市再生があらためて注目されたのである。これにより、2011年4月に都市再生特別措置法が改正され、翌年1月には都市再生緊急整備地域の追加・統合に加えて、大幅な金融支援や税制措置を行なうための特定都市再生緊急整備地域の指定が行なわれた。これにより、図3-1に示したように2015年3月時点

で都市再生緊急整備地域は62地域8,037ha（うち特定都市再生緊急整備地域は11地域3,607ha）指定されている。地域別の面積割合をみると、東京圏49％（3,966ha）、近畿圏23％（1,887ha）、地方圏27％（2,184ha）と

表3－1　都市再生緊急整備地域の指定経緯

時　期	指定範囲	指定地域
第1次指定 (2002/7/24)	17地域3,515ha	東京都特別区、横浜市、名古屋市、大阪市、堺市、守口市、寝屋川市
第2次指定 (2002/10/25)	28地域2,254ha	札幌市、仙台市、千葉市、横浜市、川崎市、京都市、向日市、長岡京市、神戸市、尼崎市、高松市、北九州市、福岡市
第3次指定 (2003/7/18)	9地域368ha	さいたま市、柏市、川崎市、相模原市、岐阜市、静岡市、岡山市、広島市、那覇市
第4次指定 (2004/5/12)	10地域321ha	藤沢市、厚木市、仙台市、川口市、堺市、豊中市、高槻市、寝屋川市、福山市
第5次指定 (2005/12/28)	1地域139ha	東京都渋谷区
第6次指定 地域拡大 (2007/2/28)	1地域40ha 拡大：1地域	浜松市 大阪市の1地域拡大
地域拡大 (2011/11/16)	拡大：3地域	川崎市、名古屋市、福岡市の3地域拡大
第7次指定 地域統合 地域拡大 新規指定 (2012/1/25)	統合：65⇒61地域 拡大：6地域 追加：2地域235ha 新規：11地域 3,396ha	地域統合（東京駅・有楽町駅周辺地域、環状二号線新橋・赤坂・六本木地域、東京臨海地域を東京都心・臨海地域に統合、横浜駅周辺地域、横浜みなとみらい地域を横浜都心・臨海地域に統合、博多駅周辺地域、福岡天神・渡辺通地域を福岡都心地域に統合） 東京都、横浜市、川崎市、名古屋市、大阪市、福岡市の6地域拡大 都市再生緊急整備地域の追加指定（東京都港区、大阪市） 特定都市再生緊急整備地域の新規指定（札幌市、東京都特別区、横浜市、川崎市、名古屋市、大阪市、福岡市）
地域統合 地域拡大 (2013/7/12)	統合：63⇒62地域 拡大：4地域	地域統合（札幌駅・大通駅周辺地域、札幌駅北四条東六丁目周辺地域を札幌都心地域に統合） 札幌市、京都市、神戸市、岡山市の4地域拡大

出所）内閣府地方創生推進室プレスリリースを基に作成

図3-1　都市再生緊急整備地域の指定状況（2015年3月時点）

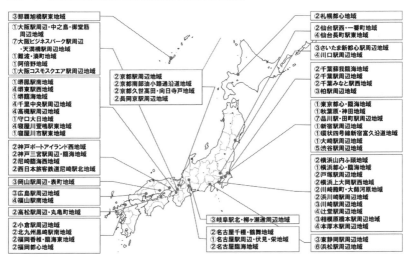

出所）内閣府地方創生推進室プレスリリースを基に作成、注）図中番号は指定時期

東京圏が過半を占めているが、地方圏も一定程度指定されている。

（2）100件以上の不動産開発に活用された都市再生施策

　それでは、規制緩和、金融支援、税制措置といった都市再生施策は、どの程度活用されているのであろうか。図3-2は規制緩和である都市再生特別地区の活用実績をまとめたものである。2003年2月の心斎橋筋一丁目地区（大阪市）に指定された後、2015年3月末時点で73地区が指定されている。地区数が最も多いのは東京都の32地区であり、次いで大阪市の17地区、名古屋市の6地区となっている。

　一方、金融支援、税制措置はどの程度活用されているのであろうか。これらを活用するためには、国土交通大臣から不動産開発を民間都市再生事業計画として認定を受ける必要がある。この認定には、事業要件として「公共施設の整備を伴う都市開発事業であること、都市再生緊急整備地域内で行なうものであること、地域整備方針に定められた都市機能の増進を主たる目的とするものであること、事業区域の面積が1ha以上であること」

図3-2 都市再生特別地区の指定状況（2015年3月末時点）

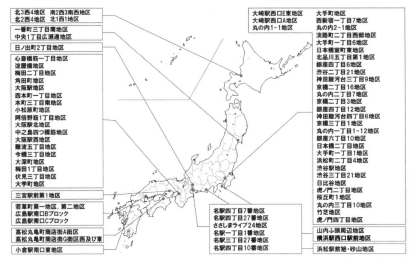

出所）各自治体における都市計画審議会の開催状況を基に作成

表3-2 民間都市再生事業計画の認定基準

「民間都市再生事業計画の認定基準（都市再生特別措置法第21条）」
① 当該都市再生事業が、都市再生緊急整備地域における市街地の整備を緊急に推進する上で効果的であり、かつ、当該地域を含む都市の再生に著しく貢献するものであると認められること
② 建築物及びその敷地並びに公共施設の整備に関する計画が、地域整備方針に適合するものであること
③ 工事着手の時期、事業施行期間及び用地取得計画が、当該都市再生事業を迅速かつ確実に遂行するために適切なものであること
④ 当該都市再生事業の施行に必要な経済的基礎及びこれを的確に遂行するために必要なその他の能力が十分であること

3章　都市再生の光：地価上昇と多様な公共貢献の創出

表3-3　金融支援を活用するための審査基準

「無利子貸付、債務保証、出資・社債等取得を活用するための要件」

① 都市再生緊急整備地域内の事業であること

② 民間事業者が行なう都市開発事業であること
（民間事業者が行なう建築物等の整備に関する事業のうち、道路、公園、広場、緑地等の公共の用に供する施設の整備を伴う事業であること）

③ 事業の区域面積が1ha以上であること
（ただし隣接又は近接して一体的に都市開発事業が施行され、これらの事業区域の面積の合計が1ha以上になる場合は0.5ha以上となる）

④ 事業計画について国土交通大臣の認定を受けた事業であること
（都市再生の観点からみた事業の効果、地域整備方針への適合、事業の施行計画の妥当性、民間事業者の事業遂行能力　等）

⑤ 金融支援を行なうものが、その実行について適当と判断した事業であること

出所）民間都市開発推進機構「業務案内」を基に作成

　を満たす必要がある。また表3-2に示したように認定基準が定められている。
　この民間都市開再生事業計画に認定を受けた後、金融支援を活用するには民間都市開発推進機構に対して申請を行なう必要がある。この申請では、金融支援を活用するために表3-3で示したように5つの審査基準を満たす必要がある。この審査基準を満たすことによって、表3-4に示した活用条件に従って無利子貸付、債務保証、出資・社債等取得の支援を受けることが可能となる。なお、金融支援は定期的に見直しを行なっており現時点で無利子貸付や債務保証は取り扱いを行なっていない。
　さらに税制措置は、民間都市再生事業計画の認定を受けた後、各税務当局に対して申請を行なう必要がある。表3-5に示したように税制措置では「認定民間事業者による事業用地取得に係る課税の特例（不動産取得税、登録免許税）、認定民間事業者の建築物の整備に係る課税の特例（所得税、法人税、登録免許税、不動産取得税、固定資産税、都市計画税）、従前地権者から認定民間事業者への事業用地譲渡に係る課税の特例（所得税、法

表3-4 金融支援の活用条件

無利子貸付		
貸付対象事業		都市計画施設、再開発等促進区に定められた2号施設または港湾施設で、自治体等の公共施設管理者に移管される施設を整備する事業
貸付条件	貸付限度額	貸付対象事業費に貸付率（都市計画施設は1/2、2号施設は1/3）を乗じた額
	償還期間	償還方法：20年以内（5年以内の据置期間を含む）
	償還方法	均等半年賦償還（繰上償還あり）
債務保証		
保証の対象		認定民間事業者の借入又は発行する社債に係る債務、認定民間事業者から認定建築物等を取得する者が行なう資金の借入又は発行する社債に係る債務
保証条件	保証限度額	「総事業費の30％」又は「公共施設等の整備に要する額」の何れか少ない額
	保証期間	借入：借入から完済までの期間、社債：発行から償還までの期間
	保証料	事業リスク等の審査を行なったうえで、一般の金融情勢に応じ、金融機関の保証料率等を勘案して事業毎に定める
出資・社債等取得		
取得の対象		認定民間事業者に対する出資又は発行する社債の取得、認定民間事業者から認定建築物等を取得する者に対する出資、またはその発行する社債の取得
取得条件	取得限度額	「総事業費の50％」又は「公共施設等の整備に要する額」の何れか少ない額
	取得期間	事業の開始から安定稼動までの期間
	その他条件	その他の条件については、事業毎にその事業リスク等に応じて、都市再生ファンドと民間事業者間で協議して定める

出所）民間都市開発推進機構資料を基に作成

表3-5 税制措置の支援内容

対象者	段階	税目	対象	減免内容
民間事業者	事業準備段階	登録免許税	土地	軽減税率1.0％→0.8％
		不動産取得税	土地	課税標準1/5控除
	事業着工段階	所得税・法人税	償却資産	5割増償却（5年間）
		登録免許税	建物	軽減税率0.4％→0.3％
		不動産取得税	建物	課税標準1/5控除
		固定資産税都市計画税	ロビー等	課税標準1/2控除（5年間）
地権者	事業準備段階	所得税・法人税	土地・建物	100％課税繰延

出所）内閣府地方推進室資料を基に作成

図3－3 民間都市再生事業計画の認定状況（2015年3月末時点）

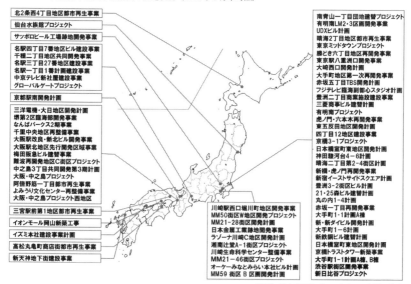

出所）国土交通省プレスリリースを基に作成

人税)」を受けることができる。

　2015年3月末時点の民間都市再生事業計画の認定状況を整理したのが図3－3である。民間都市再生事業計画に認定されているのは74事業であり、東京都36件、大阪市9件、名古屋市6件となっている。このうち、金融支援が決定しているものは16件あり、債務保証4件、無利子貸付3件、社債取得7件、メザニン支援2件、出資1件となっている。また、一部は都市再生特別地区の活用も行なっている。

　それでは、各都市再生緊急整備地域では、どのような不動産開発が都市再生施策を活用して行なわれているのであろうか。ここで東京都心に指定された3地域の現状をみていくことにする。

　都市再生緊急整備地域の中でも、最大規模で最も多くの不動産開発が行なわれているのが第1次指定として2002年7月に指定された東京駅・有楽町駅周辺地域、環状二号線新橋・赤坂・六本木地域、東京臨海地域である。この地域は、2012年1月に統合され、東京都心・臨海地域と名称が

変更されており、千代田区、中央区、港区、江東区にわたって1,991haが指定されている。指定範囲と主な不動産開発は図3-4のとおりである。

地域整備方針によると、この地域における整備目標には「日本の経済を

図3-4 東京都心・臨海地域の指定範囲と主な不動産開発

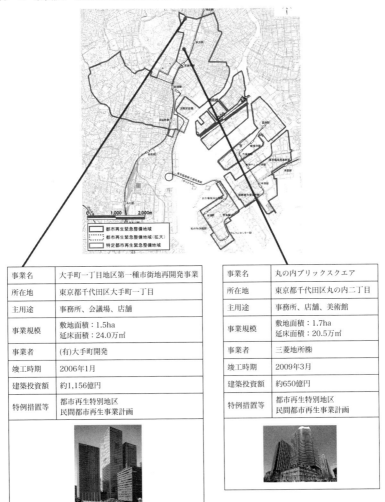

事業名	大手町一丁目地区第一種市街地再開発事業
所在地	東京都千代田区大手町一丁目
主用途	事務所、会議場、店舗
事業規模	敷地面積：1.5ha 延床面積：24.0万㎡
事業者	(有)大手町開発
竣工時期	2006年1月
建築投資額	約1,156億円
特例措置等	都市再生特別地区 民間都市再生事業計画

事業名	丸の内ブリックスクエア
所在地	東京都千代田区丸の内二丁目
主用途	事務所、店舗、美術館
事業規模	敷地面積：1.7ha 延床面積：20.5万㎡
事業者	三菱地所㈱
竣工時期	2009年3月
建築投資額	約650億円
特例措置等	都市再生特別地区 民間都市再生事業計画

出所）内閣府地方創生推進室資料を基に作成

牽引する高次の中枢業務機能のほか、商業、居住、文化、交流など多様な都市機能の集積と、主要幹線道路等の整備による都市基盤の強化を通じて、国際的なビジネス機能等を備えた拠点としてふさわしい景観にも配慮した賑わいと魅力のある都市空間を形成」が掲げられた。そもそも不動産開発圧力の高いこれらの地域は、ややもすると収益性を最大化するためにオフィスや住宅といった単一の用途で完結する不動産開発が多くなる傾向にあった。しかし、今後の東京の国際競争力を考えると、オフィスや住宅を支える商業、文化、交流といった多様な用途の追加やインフラの整備が必要不可欠であり、こうした収益性の劣る用途の導入を新たな不動産開発によって実現していくことを目指したものであるといえる。

現在、東京都心・臨海地域には、21の都市再生特別地区と30の民間都市開発事業計画に指定された不動産開発事業が展開されている。これは全国の都市再生緊急整備地域の中でも最多である。

なかでも大手町・丸の内・有楽町地区では、大手町を連鎖的に再開発する第一弾となった日経ビル・JAビル・経団連会館（2009年竣工）、我が国初のオフィスビルであった三菱一号館を美術館として復元した丸の内パークビルディング（2009年竣工）、東京駅丸の内駅舎南口の旧東京中央郵便局舎を一部保存したJPタワー（2012年竣工）といった不動産開発が都市再生特別地区を活用している。

この地域では、増進すべき都市機能として「国際金融をはじめとする中枢業務拠点にふさわしい高次の業務機能とこれを支える商業・文化機能等多様な機能の導入、高次の業務機能と高度な専門性を有する業務支援機能の強化、業務機能を支えアメニティを高める商業・文化・交流・宿泊機能等を強化、業務機能を支える人材育成・就業者支援・情報通信拠点機能を強化、国際化に対応した教育・医療・情報提供・カンファレンス・滞在型宿泊機能等を誘導、成田・羽田空港と直結する交通拠点機能の強化、震災等に対応できる都市防災機能の強化」が掲げられている。

これらの方針を踏まえて、日経ビル・JAビル・経団連会館では610名収容可能なホールと23の大小様々な会議室を備えた大手町カンファレンスセンターが整備された。また、丸の内パークビルディングでは美術館の他

に36の飲食店や物販店などが集まった商業施設である丸の内ブリックスクエアが開業した。さらにJPタワーでは旧東京中央郵便局駅舎を商業施設に活用し、国内外の観光客に様々な情報提供を行なったり海外企業のビジネス支援や生活支援を行なう東京シティアイ、東京大学が長年蓄積してきた学術標本や最先端の研究成果などを展示するインターメディアテク、700名を主要可能な国際会議対応のホールや9のミーティングルームなどが整備された。

　過去10年間で最も大きく変化した山手線沿線を挙げるとすれば、それは大崎駅であろう。大崎駅周辺地域は、第1次指定で大崎駅から五反田駅にかけて61haが指定された。指定範囲と主な不動産開発は図3－5のとおりである。

　地域整備方針によると、この地域における整備目標には「向上した交通アクセスを活かし大規模低未利用地の土地利用転換や既成市街地の再構築により、東京のものづくり産業をリードする新産業・業務拠点を形成」が掲げられた。大崎駅周辺は1982年に池袋、新宿、渋谷などと並ぶ副都心に指定され、産業構造の変化によって数多く発生した工場跡地や戦後急速に拡大した木造密集市街地を再生することを目指した。

　現在、大崎駅周辺地域には、明電舎の工場跡地を地上30階のオフィスに再開発したシンクパークタワー（2007年竣工）、木造密集市街地を地上39階1,090戸の超高層住宅に再開発した大崎ウエストシティタワーズ（2009年竣工）、中小の工場を地上31階と地上20階のオフィス、地上40階と地上18階734戸の超高層住宅、店舗、交流施設などに再開発したパークシティ大崎（2015年竣工）といった不動産開発が都市再生特別地区を活用している。

　この地域では、増進すべき都市機能として「研究開発型産業を核とする業務・商業・文化・交流・居住などの複合機能を導入、交通利便性を活かし地域内の連携強化を図るための交通拠点機能を強化、少子高齢化社会への対応を図るため福祉サービスの的確な提供、子どもを生み育てる環境の整備を促進、震災等に対応できる都市防災機能の強化」が掲げられている。

　これらの方針を踏まえて、シンクパークには駅前広場や大規模な緑地空

図3-5 大崎駅周辺地域の指定範囲と主な不動産開発

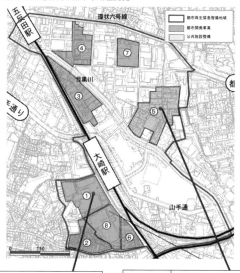

事業名	シンクパークタワー
所在地	東京都品川区大崎二丁目
主用途	事務所、店舗
事業規模	敷地面積：2.4ha 延床面積：15.2万㎡
事業者	㈱明電舎、㈱世界貿易センタービルディング
竣工時期	2007年9月
建築投資額	約425億円
特例措置等	都市再生特別地区 民間都市再生事業計画

事業名	北品川五丁目第1地区第一種市街地再開発事業
所在地	東京都品川区北品川五丁目
主用途	分譲住宅、事務所、公共公益施設
事業規模	敷地面積：3.6ha 延床面積：25.0万㎡
事業者	市街地再開発組合
竣工時期	2015年5月
建築投資額	―
特例措置等	都市再生特別地区

出所）内閣府地方創生推進室資料を基に作成

間が整備され、大崎ウエストシティタワーズには認証保育所や区役所の窓口機能を有した地域センターが整備された。さらにパークシティ大崎では、スーパーやクリニックなどの生活利便施設に加えて、地域活動の拠点とし

て活用できる地域交流施設が整備された。

　さらに今後10年間で最も大きく変化する山手線沿線は、間違いなく渋谷駅であろう。渋谷駅周辺地域は、第5次指定として2005年12月に渋谷駅を中心に139haが指定された。指定範囲と主な不動産開発は図3－6のとおりである。

　地域整備方針によると、この地域における整備目標には「多世代による先進的な生活文化等の世界に開かれた情報発信拠点を形成、駅施設の機能更新と再編を契機に周辺地域での街区再編および開発の連鎖による総合的なまちづくりを推進」が掲げられた。渋谷は1979年のSHIBUYA109の開業を契機として、10代から20代前半の若者文化の聖地としてのイメージが強く染み付いたため、他世代が訪れにくい地域となっていた。そこで、渋谷駅の大改造をきっかけに駅周辺を連鎖的に不動産開発し、オフィス、商業施設、住宅、ホテルなどを創出することで、これまでの来訪者とは異なる目的や世代の人々を積極的に取り込み、需要縮小によって激化する新宿や池袋といった副都心との地域間競争を勝ち抜こうとしている。

　現在、渋谷駅周辺地域には、東急文化会館と周辺建築物を再開発した渋谷ヒカリエ（2012年竣工）、東急プラザ渋谷を建て替える渋谷駅道玄坂街区（2018年竣工予定）と旧東横線高架跡地を再開発する渋谷駅南街区（2018年竣工予定）、桜丘口周辺の複数のテナントビルを再開発する渋谷駅桜丘口地区（2020年竣工予定）、渋谷駅ビルを再開発する渋谷駅街区（2020年と2027年に段階的竣工予定）といった不動産開発が都市再生特別地区を活用している。

　この地域では、増進すべき都市機能として「世界に開かれた文化・交流・発信機能やクリエイティブ・コンテンツ産業等の先進的な業務機能、産業育成機能、賑わいを強化する商業機能等を積極的に充実・強化、駅前広場や歩行者空間の拡充などにより交通結節機能を強化 、人口・機能等が特に集積する大規模ターミナル駅周辺において都市防災機能の一層の充実」が掲げられている。

　これらの方針を踏まえて、渋谷ヒカリエにはミュージカル専用劇場やイベントホールが併設され、渋谷駅道玄坂街区には空港リムジンバスのター

ミナルやクリエイティブ・コンテンツ産業などのベンチャー企業や外国企業向けのオフィスが設置される予定である。また、渋谷駅南街区では、渋谷川の清流を取り戻して周辺に遊歩道や広場を整備する予定である。さら

図3－6　渋谷駅周辺地域の指定範囲と主な不動産開発

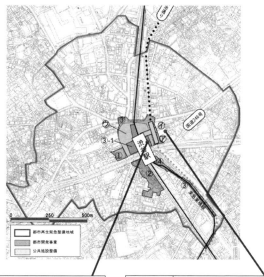

事業名	渋谷駅街区開発計画
所在地	東京都渋谷区渋谷二丁目
主用途	事務所、店舗
事業規模	敷地面積：1.5ha 延床面積：27.0万㎡
事業者	東京急行電鉄㈱
竣工時期	2027年予定
建築投資額	－
特例措置等	都市再生特別地区

事業名	渋谷ヒカリエ
所在地	東京都渋谷区渋谷二丁目
主用途	店舗、事務所、劇場、多目的ホール
事業規模	敷地面積：1.0ha 延床面積：14.5万㎡
事業者	東京急行電鉄㈱
竣工時期	2012年4月
建築投資額	－
特例措置等	都市再生特別地区

出所）内閣府地方創生推進室資料を基に作成

に渋谷駅街区は、すり鉢状の地形を活かして道玄坂や宮益坂の坂上と渋谷駅4階広場を連続的につなげることで渋谷駅周辺の移動を円滑化にする予定である。

(3) 地域指定によって大きく変化した経済指標

　全国では、都市再生緊急整備地域における不動産開発によって地域特性が大きく変化している。例えば、表3-6に示した都市再生緊急整備地域内の人口や世帯数の変化をみると、10年間で約20万人12万世帯が増加しており、都市内における都市再生緊急整備地域の影響力を表した占有率も0.5ポイント増加している。また、事業所数や従業者数をみると、事業所数は減少しているが従業者数は5年間で約15万人増加しており占有率も1ポイント増加している。一方、年間商品販売額や売場面積は微増しているが占有率はいずれも減少している。これは、地域内の不動産開発の多くがオフィスや住宅によるものであったことに加えて、地域外における郊外型商業施設の不動産開発が多かったためと考えられる。さらに平均地価水準は10年間で1.4倍に増加しており、全国平均値に対する倍率も大きく増

表3-6　都市再生緊急整備地域における経済指標の変化

分野		期間	実数		占有率[※1]	
			指定前	指定後	指定前	指定後
人口指標	人口	2000⇒10年	504,173	702,752	1.5%	2.0%
	世帯数	2000⇒10年	239,247	364,399	1.3%	1.8%
業務指標	事業所数	2001⇒06年	216,265	211,250	10.5%	10.4%[※2]
	従業者数（千人）	2001⇒06年	3,748	3,905	16.8%	17.8%[※2]
商業指標	年間商品販売額（億円）	2002⇒07年	107,243	108,794	17.2%	16.2%
	売場面積（千㎡）	2002⇒07年	4,729	5,165	12.8%	12.7%
平均地価水準		2001⇒11年	1,796,137	2,505,846	6.5倍[※3]	8.6倍[※3]

※1：占有率とは、自治体（特別区又は市）全体の各指標値に対する割合である。
※2：2009年に実施された総務省「経済センサス」は、総務省「事業所・企業統計調査」と調査手法が異なっているため、占有率のみ2009年の値で算出している。
※3：地価水準の占有率は、全国平均値に対する倍率である。

出所）総務省「国勢調査」「事業所・企業統計調査」「経済センサス基礎調査」、経済産業省「商業統計調査」、国土交通省「地価公示」を基に作成

図3-7 地域別の人口の変化

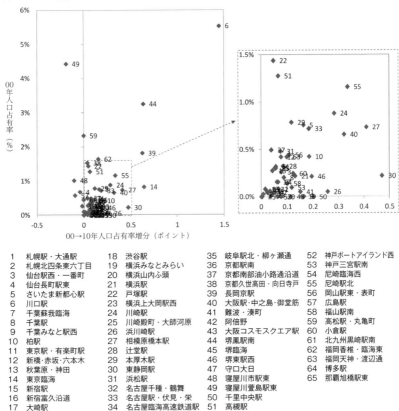

1	札幌駅・大通	18	渋谷駅	35	岐阜駅北・柳ヶ瀬南	52 神戸ポートアイランド西
2	札幌北四条東六丁目	19	横浜みなとみらい	36	京都駅南	53 神戸三宮駅南
3	仙台駅西・一番町	20	横浜山内ふ頭	37	京都南部油小路通沿道	54 尼崎臨海西
4	仙台長町駅東	21	横浜駅	38	京都久世高田・向日寺芳	55 尼崎駅北
5	さいたま新都心駅	22	戸塚駅	39	長岡京駅	56 岡山駅東・表町
6	川口駅	23	横浜上大岡駅西	40	大阪駅・中之島・御堂筋	57 広島駅
7	千葉蘇我臨海	24	川崎駅	41	難波・湊町	58 福山駅
8	千葉駅	25	川崎殿町・大師河原	42	阿倍野	59 高松駅北・丸亀町
9	千葉みなと駅西	26	浜川崎駅	43	大阪コスモスクエア駅	60 小倉駅
10	柏駅	27	相模原橋本駅	44	堺鳳駅南	61 北九州黒崎駅北
11	東京駅・有楽町駅	28	辻堂駅	45	堺臨海	62 福岡香椎・臨海東
12	新橋・赤坂・六本木	29	本厚木駅	46	堺東駅西	63 福岡天神・渡辺通
13	秋葉原・神田	30	東静岡駅	47	守口大日	64 博多駅
14	東京臨海	31	浜松駅	48	寝屋川市駅東	65 那覇旭橋駅東
15	新宿駅	32	名古屋千種・鶴舞	49	寝屋川萱島駅東	
16	新宿富久沿道	33	名古屋駅・伏見・栄	50	千里中央駅	
17	大崎駅	34	名古屋臨海高速鉄道駅	51	高槻駅	

加している。

　このように商業指標以外の経済指標は大きく改善した都市再生緊急整備地域であるが地域別にみると、どのような違いがあるのだろうか。図3-7は、地域別に都市再生緊急整備地域内の人口が都市全体の人口に占める割合：占有率をみたものである。これをみると、遊休化した大規模工場跡地などにおいて住宅を中心とした再開発を行なった「川口駅、堺鳳駅南、長岡京駅」などにおいて大きく増加している。例えば、堺鳳駅南では駅南側に位置する約17haの東急車輌製造大阪製作所跡地に791戸の分譲住宅と延床面積14万㎡の商業施設を開発している。

図3-8 地域別の地価水準の変化

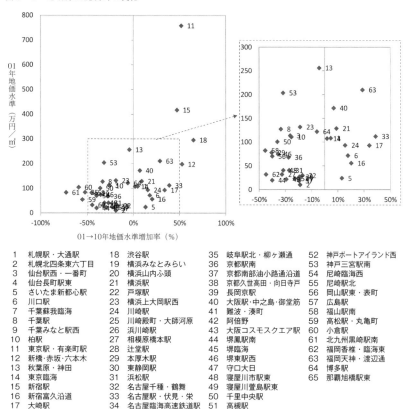

1	札幌駅・大通駅	18	渋谷駅	35	岐阜駅北・柳ヶ瀬通	52	神戸ポートアイランド西
2	札幌北四条東六丁目	19	横浜みなとみらい	36	京都駅南	53	神戸三宮駅南
3	仙台駅西・一番町	20	横浜山内ふ頭	37	京都南部油小路通沿道	54	尼崎臨海西
4	仙台長町駅東	21	横浜駅	38	京都久世高田・向日寺戸	55	尼崎駅北
5	さいたま新都心駅	22	戸塚駅	39	長岡京駅	56	岡山駅東・表町
6	川口駅	23	横浜上大岡駅西	40	大阪駅・中之島・御堂筋	57	広島駅
7	千葉蘇我臨海	24	川崎駅	41	難波・湊町	58	福山駅南
8	千葉駅	25	川崎殿町・大師河原	42	阿倍野	59	高松駅・丸亀町
9	千葉みなと駅西	26	浜川崎駅	43	大阪コスモスクエア駅	60	小倉駅
10	柏駅	27	相模原橋本駅	44	堺鳳駅南	61	北九州黒崎駅南
11	東京駅・有楽町駅	28	辻堂駅	45	堺臨海	62	福岡香椎・臨海東
12	新橋・赤坂・六本木	29	本厚木駅	46	堺駅東西	63	福岡天神・渡辺通
13	秋葉原・神田	30	東静岡駅	47	守口大日	64	博多駅
14	東京臨海	31	浜松駅	48	寝屋川市駅東	65	那覇旭橋駅東
15	新宿駅	32	名古屋千種・鶴舞	49	寝屋川萱島駅東		
16	新宿富久沿道	33	名古屋駅・伏見・栄	50	千里中央駅		
17	大崎駅	34	名古屋臨海高速鉄道駅	51	高槻駅		

　一方、木造密集市街地の改善を目的とした「寝屋川萱島駅東、寝屋川市駅東」や、再開発が延期となった「広島駅」などは人口が減少している。例えば、寝屋川萱島駅東では高度経済成長期の急激な人口流入に対応するため文化住宅と呼ばれる木造密集市街地の防災性能を高めるため、大阪府住宅供給公社が主体となって防災街区整備事業を推進しており、既にいくつかの公園整備は進んでいるが、民間事業者による建設投資は発生していないため、人口が減少したままである

　それでは、地域別の地価水準の変化はどのようになっているのであろうか。図3-8は地域別の2001年時点の地価水準と10年間の増加率をみた

ものである。これをみると、不動産開発の多かった「東京駅・有楽町駅、新橋・赤坂・六本木、新宿駅、渋谷駅」といった東京都心における地価水準の増加率が大きい傾向にある。一方、「北九州黒崎駅南、小倉駅、高松駅」などの地方都市では、想定されていた不動産開発が竣工していないため地価の下落率が大きくなっている。

　このように都市再生緊急整備地域は全国で指定されたが、地方都市における都市再生緊急整備地域は、不動産開発が進捗しないために経済指標が改善していない箇所が残る結果となっている。

3−2 再生の最大要因は規制緩和による不動産開発

（1）地価の上昇に大きく寄与した規制緩和

　都市再生緊急整備地域内では、大幅な規制緩和と金融支援が実施され、多くの不動産開発によって建築物が大量に供給された。そのため、指定地域内の土地は地域外よりも就業者の密度が高まり、就業者の移動に要する時間などが削減されるコスト削減効果や、就業者が有する技術や知識のスピルオーバー効果が高まっていると考えられる。その結果、企業は生産性が向上することで、より高い賃料や地価を負担することが可能となっていることが想定される。それでは都市再生施策は、どの程度の地価上昇をもたらしたのであろうか。これを検証するため、本節では地域内外の地価をヘドニック・アプローチという手法を用いて分析する。ヘドニック・アプローチとは、ある商品の価格を様々な性能や機能の価値の集合体（属性の束）とみなし、重回帰分析を利用して価格を説明する関数を推計する手法である。

　分析の手順は、地価を決定する要因と考えられる変数、いわゆる説明変数を設定し、重回帰分析を行なうことで地価と説明変数の関係をあらわす関数を推計した。分析の説明変数として用いたのは、表3−7のとおりである。なお、サンプル数は東京23区内の1,065箇所の地価観測点である。

　重回帰分析では、説明変数間に高い相関関係がある場合、分析結果の信頼性が低くなる恐れがある。これを防ぐため、説明変数間の相関関係を算出した結果、居住者密度（RED）と従業者密度（WOD）、容積率（FAR）と一部の用途地域ダミー（ZON）の相関係数に高い関係がみられた。そのため地価関数の推計では、居住者密度（RED）と用途地域ダミー（ZON）を除いて分析を実施した。なお、推計にあたり関数型の選択は、目的変数と説明変数を線形または対数を用いて修正済決定係数の高い組み合わせを採用した。選択された説明変数を用いて、東京都23区1,065地点の2011年における地価を説明する関数を次式のように設定した。

表3－7　ヘドニック・アプローチで用いた変数

変数記号		変数名	出所
Price		2011年地価（円/㎡）	国土交通省「地価公示」
説明変数	FAR	容積率（%）	国土交通省「地価公示」
	CSWT	最寄駅徒歩時間（分）	国土交通省「地価公示」に掲載されている最寄駅までの距離を基に分速80mとして算出
	DSRT	都心駅乗車時間（分）	最寄駅から東京駅までの乗車時間をジョルダン「乗換案内」により算出
	RED	居住者密度（人/㎢）	総務省「国勢調査」
	WOD	従業者密度（人/㎢）	総務省「国勢調査」、総務省「経済センサス」
	ZON	ZON-C：商業系用途地域ダミー ZON-R：住宅系用途地域ダミー ZON-I：工業系用途地域ダミー （何れも指定有：1、指定無：0）	国土交通省「地価公示」
	URA	都市再生緊急整備地域ダミー （地域内：1、地域外：0）	都市再生緊急整備地域を定める政令

$$\ln(\text{Price}) = \beta_1 \text{FAR} + \beta_2 \text{CSWT} + \beta_3 \text{DSRT} + \beta_4 \text{WOD} + \beta_5 \text{URA} + \varepsilon$$

　この地価関数の各係数を推計した結果が表3－8である。この地価関数の修正済決定係数は0.701と高く、全ての説明変数における偏回帰係数の符号条件は当初想定どおりであり、かつ統計的に有意であった。各説明変数の偏回帰係数をみると、容積率（FAR）、従業者密度（WOD）、都市再生緊急整備地域ダミー（URA）はプラスに寄与しており、最寄駅徒歩時間（CSWT）や都心駅乗車時間（DSRT）はマイナスに寄与している。このことから都市再生緊急整備地域ダミーは、地価にプラスの影響を与えるといえる。また、都市再生緊急整備地域内外の価格差を明らかにするため、都市再生緊急整備地域ダミーの偏回帰係数を真数に変換（地価を対数に変換して各係数を推計したため対数で算出された係数を真数に戻す必要がある）すると1.363であった。これは、地域外よりも地域内の地価が約1.36倍高いことを示しているといえる。

表3-8　東京23区における地価関数の推計結果

変数	偏回帰係数	標準誤差	標準回帰	F値	t値	P値	判定
FAR	0.001	0.000	0.284	100.2	10.01	1.31×10^{-22}	**
CSWT	-0.028	0.002	-0.236	153.3	-12.38	5.67×10^{-33}	**
DSRT	-0.004	0.002	-0.050	4.8	-2.20	2.83×10^{-02}	*
WOD	0.008	0.001	0.388	203.5	14.27	2.31×10^{-42}	**
URA	0.310	0.064	0.099	23.3	4.83	1.57×10^{-06}	**
定数項	13.00	0.071		33672.5	183.50	0.000	**

修正済決定係数	0.701

注）判定は**が5%有意水準、*が10%有意水準を満たしていることを示している

表3-9　追加分析で用いた変数

変数記号	変数名	出　所
DREG	規制緩和ダミー （活用地点：1、未活用地点：0）	東京都都市整備局資料 （都市再生特別地区、特定街区、高度利用地区、再開発等促進区を定める地区計画を対象）
FINS	金融支援・税制措置ダミー （活用地点：1、未活用地点：0）	内閣官房都市再生本部資料 （民間都市再生事業計画を対象）

　この都市再生緊急整備地域ダミーは、規制緩和、金融支援、税制措置による影響要素のみならず、支援策の活用期待などの様々な影響要素が複合的に含まれていると考えられる。それでは、都市再生緊急整備地域内で実際に行なわれた規制緩和と金融支援・税制措置は、どのくらいの影響を与えたのだろうか。東京23区において規制緩和である都市再生特別地区と従来の特例制度が活用された地区に該当する地点に「規制緩和ダミー」と、金融支援を活用された地区に該当する地点に「金融支援・税制措置ダミー」を追加して分析を行なった。ダミー変数の概要は、表3-9のとおりである。
　その結果、「金融支援・税制措置ダミー」は説明変数として有意水準を満たすことができなかったため、「規制緩和ダミー」のみを加えて地価関数を次式のように設定した。

表3−10　規制緩和ダミーを追加した地価関数の推計結果

変数	偏回帰係数	標準誤差	標準回帰	F値	t値	P値	判定
FAR	0.001	0.000	0.278	97.4	9.87	4.98×10^{-22}	**
CSWT	-0.028	0.002	-0.236	155.7	-12.48	1.92×10^{-33}	**
DSRT	-0.004	0.002	-0.048	4.5	-2.12	3.40×10^{-02}	*
WOD	0.009	0.001	0.398	214.0	14.63	2.85×10^{-44}	**
URA	0.132	0.081	0.042	4.6	2.63	2.04×10^{-02}	*
DREG	0.361	0.102	0.080	12.5	3.54	4.21×10^{-04}	**
定数項	13.00	0.070		34037.4	184.49	0.000	**

修正済決定係数	0.704

注）判定は**が5%有意水準、*が10%有意水準を満たしていることを示している

$$\ln(\text{Price}) = \beta_1 \text{FAR} + \beta_2 \text{CSWT} + \beta_3 \text{DSRT} + \beta_4 \text{WOD} + \beta_5 \text{URA} + \beta_6 \text{DREG} + \varepsilon$$

　この地価関数の各係数を推計した結果が表３−10である。この地価関数の修正済決定係数は前述の推定結果と同程度であり、全ての説明変数の偏回帰係数の符号条件は当初想定どおりであった。このうち規制緩和ダミーの偏回帰係数を真数変換すると1.435であった。これは規制緩和が活用された地区は他の地区よりも約1.44倍地価が高いことを示しているといえる。一方、都市再生緊急整備地域の偏回帰係数を真数変換すると1.141となり、前述の結果よりも大きく下回った。これは、前述の都市再生緊急整備地域ダミーの中にあった規制緩和の影響が外生化されたためと考えられる。このことから、都市再生緊急整備地域の影響の大部分は、規制緩和によるものであったと結論づけることができる。

　以上の分析から都市再生緊急整備地域内では、地域外よりも地価が高い状況にあることが明らかとなった。しかし、第２章で明らかにしたように都市再生緊急整備地域は、そもそも不動産開発が早期に見込まれる地域を指定したため、地域内の地価が高くなることは当然の結果といえる。一方、地域内の地価上昇を規制緩和ダミーと都市再生緊急整備地域ダミーで細分

化した分析では、金融支援・税制措置や地域指定による開発期待といった影響よりも規制緩和による影響の方が地価上昇に大きな影響を与えたことを示している。これは、都市再生施策の中でも規制緩和による効果が大きかったと結論づけることができる。

（2）建設投資額の増加に大きく寄与した規制緩和

規制緩和や金融支援は、民間事業者による不動産開発投資を第一の目的として創設された。それでは、この民間投資が都市再生緊急整備地域の指定後にどの程度創出されたのであろうか。これを検証するため2010年に内閣官房地域活性化統合事務局（現在の内閣府地方創生推進室）が実施した自治体に対する照会結果を用いて地域内の建設投資額を推計する。

推計方法は、照会において建設投資額が記入されている事業は入力値を活用し、建設投資額が未記入となっている事業は延床面積に各時期の都道府県別・構造物別の建設工事単価を乗じて算出した。この方法によって算出した結果が図3－9である。

地域指定後10年間を経た2011年末に竣工または竣工予定である事業の建設投資は7兆430億円であり、さらに今後8兆1,974億円の建設投資が見込まれている。また、地域指定後10年間で発生した7兆430億円の建設投資のうち、都市再生施策分は2兆323億円であり約29％を占めている。このうち都市再生特別地区による規制緩和分は9,344億円、民間都市再生事

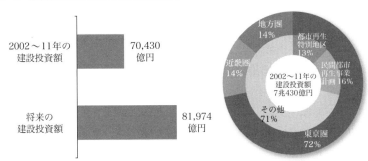

図3－9　都市再生緊急整備地域内の建設投資額内

図3-10　地域別建設投資額

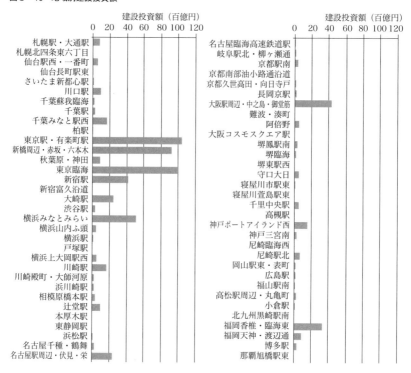

業計画による金融支援・税制措置分は1兆979億円である。

　一方、図3-10に示したように建設投資額を都市再生緊急整備地域別にみると、東京駅・有楽町駅、新橋・赤坂・六本木、東京臨海では約1兆円、新宿駅、横浜みなとみらい、大阪駅・中之島・御堂筋では約5,000億円の建設投資が行なわれているが、札幌北四条東六丁目、新宿富久沿道、戸塚駅、本厚木駅、東静岡駅、難波・湊町、大阪コスモスクエア駅、高槻駅、北九州黒崎駅、那覇旭橋駅東の10地域は建設投資が全く行なわれていない。これは想定していた不動産開発が着工に至っていないまたは竣工中であることが要因である。例えば、札幌北四条東六丁目では、北海道ガスの旧本社や札幌工場跡地を中心とした市街地再開発事業を目指して、2006年に周辺地権者と共にまちづくり準備組合を設立し、2009年に民間事業

者の選定を実施したが、2008年以降の不動産市場の悪化の影響もあって不調に終わっている。

　それでは、もし規制緩和や金融支援・税制措置が無かった場合、これらの建設投資額はどの程度減少したのであろうか。国土交通省が2010年に都市再生施策を活用した民間事業者に対するアンケート調査の結果を用いて、都市再生施策の有無による建設投資額の減少分を推計する。

　アンケート調査では、都市再生施策を活用できなかった場合の影響を施策別に「影響なし、規模縮小、事業中止、着工時期遅延」で把握した。その結果が図3－11である。アンケート調査の結果、都市再生特別地区を活用した事業では「着工時期遅延」が50％と最も多く、ついで「事業中止」が25％、「規模縮小」が19％であった。また、金融支援を活用した事業では「規模縮小」が60％と最も多く、「事業中止」が20％、「着工時期遅延」が17％であった。さらに税制措置を活用した事業では「影響なし」が53％と最も多く、次いで「規模縮小」が29％、「着工時期遅延」が12％であった。このように施策別には大きな違いがあり、特に規制緩和は「着工時期遅延」や「事業中止」の割合が高いため、不動産開発により強い影響を与えた施策であったといえる。一方、税制措置はその支援内容が過小であったこともあって「影響なし」の割合が高く、不動産開発にあまり影

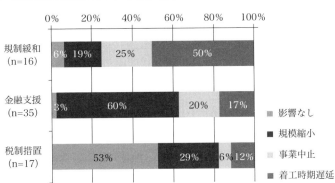

図3－11　都市再生施策を活用できなかった場合の影響

出所）国土交通省（2010）を基に作成

表3-11 建設投資減少分の推計方法

分類	回答内容	減算方法
規制緩和	特に影響は無かった	建設投資額の減少なし
	事業規模を縮小した	容積率の最高限度に対する割増容積率分を建設投資額から減少
	事業を中止した	建設投資額を全額減少
	着工または竣工時期が遅延した	期間内に建設投資が発生しないと想定し全額減少
金融支援	特に影響は無かった	建設投資額の減少なし
	事業規模を縮小した	支援金額分を建設投資額から減少
	事業を中止した	建設投資額を全額減少
	着工または竣工時期が遅延した	期間内に建設投資が発生しないと想定し全額減少
税制措置	特に影響は無かった	建設投資額の減少なし
	事業を中止した	建設投資額を全額減少
	事業規模を縮小した	不動産取得課税に関する控除額分のみ建設投資額から減少（控除額は登録免許税と不動産取得税の軽減分）
	事業を中止した	建設投資額を全額減少
	着工または竣工時期が遅延した	期間内に建設投資が発生しないと想定し全額減少

表3-12 都市再生施策を活用できなかった場合の建設投資額減少分

	建設投資額（億円）		減少分（億円）			
	施策活用時	施策未活用		規制緩和	金融支援	税制措置
2002～2011年建設投資額	70,430	66,338	4,092　(5.8%)	3,998	63	31
将来の建設投資額	81,974	69,401	12,573 (15.3%)	11,718	692	163
合計	152,404	135,789	16,695 (10.9%)	15,716	754	195

注）括弧内は施策活用時建設投資額に対する割合

響を及ぼさなかった施策であるといえる。

　推計では、このアンケート調査における事業別の回答結果を用いて、事業別の建設投資額の減少分を推計した。推計方法は、表3-11に示したとおり事業別の回答結果のうち、「影響なし」と回答した場合は建設投資額を減少せずに、「規模縮小」したと回答した場合は建設投資額に対する

支援額分を減少した。また、「事業中止」と回答した場合は建設投資額を全額減少し、「着工時期遅延」したと回答した場合は期間内に建設投資額が発生しないと想定し全額減少させた。

　その結果をまとめたのが表3－12である。都市再生施策を活用できなかった場合、2002〜2011年の建設投資額は4,092億円減少（施策活用時建設投資額の5.8％に相当）、将来の建設投資額は1兆2,573億円減少（施策活用時建設投資額の15.3％に相当）することが見込まれる。将来の建設投資額の減少割合が大きい理由には、過去10年間よりも都市再生施策を活用した事業の割合が高いためである。また減少分の内訳をみると、何れも規制緩和の占める割合が最も多く、2002〜2011年の建設投資額は規制緩和減少分3,998億円、金融支援減少分63億円、税制措置減少分31億円、将来の建設投資額は規制緩和減少分11,718億円、金融支援減少分754億円、税制措置減少分163億円であった。

　このように都市再生施策は、全体で地域内の建設投資を約11％増加させる効果があったといえ、このうちの約90％は規制緩和による効果によるものであったと結論づけることができる。これは、規制緩和による建設投資の増加分が他施策よりも大きく、さらにアンケート調査によって規制緩和を活用できなかった場合の影響が他施策よりも大きかったことが影響しているといえる。

3-3 規制緩和で多様な公共貢献が創出された東京都心

(1) 年々多様化する公共貢献

　それでは、都市再生特別地区によってどのような公共貢献が創出されているのであろうか。公共貢献は、都市再生本部が作成した地域整備方針の他に東京都の都市づくりビジョンや都市計画マスタープランといった各種計画を踏まえて、民間事業者が不動産開発する地区の都市政策上の課題を定量的・定性的に分析し、その課題を克服するために必要な取組みを提案している。本節では、この提案書を用いて、これまでに民間事業者が行なってきた公共貢献の内容を整理してみる。

　2004年から2013年3月末までに東京都内において都市再生特別地区に指定された26件の公共貢献を整理したのが表3-13である。これをみると、業務・商業・居住などの都市機能の更新・導入を行なう「都市機能分野」、広場・通路・歩行者デッキなどの整備を行なう「広場・通路分野」、バス・タクシープール、駐車場・駐輪場、地下鉄駅地上出入口などの整備を行なう「交通分野」、観光案内所や地域交流施設などの整備・運営を行なう「地域貢献分野」、防災備蓄倉庫の整備や帰宅困難者の一時避難空間の提供などを行なう「防災分野」、CASBEE（建築環境総合性能評価システム）の目標水準の設定や地域冷暖房施設の更新・新設などを行なう「環境・景観分野」の6分野に分類することができる。このなかでも地域貢献分野は、公共貢献となる施設を民間事業者が自ら運営を行なう場合と、公共貢献を提供する主体を誘致する場合が存在する。この地域貢献分野は、他分野と比較して、整備だけでなく運営に関しても様々な取り組みが提案されており、都市再生特別地区の特徴を体現したものであるといえる。

　こうした公共貢献の取組分野の変遷を把握するため、提案時期別に各地区における公共貢献の分野別取組割合を算出した結果が図3-12である。なお、2003年と2004年は1地区ずつしかないため合計して算出した。その結果、2003/04年に提案した地区では、これまでの特例制度でも評価されていた広場・通路分野の取り組みが圧倒的に高く、防災分野や環境・景

表3-13 公共貢献の分類

共通分野		提案項目
都市機能分野		✔ 業務機能の導入・更新 ✔ 商業機能の導入・更新 ✔ 居住機能の導入・更新
広場・通路分野		✔ 区画道路の整備 ✔ 広場の整備（屋上広場等含む） ✔ 歩道状空地の整備 ✔ 通路の整備（地下通路含む） ✔ 歩行者デッキの整備
交通分野		✔ バス・タクシープールの整備 ✔ 附置義務以上の駐車場・駐輪場の整備 ✔ 地下駅前広場の整備 ✔ 地上出入口EV・ESの整備 ✔ 改札機の増設、改札空間の新設・拡張 ✔ 地下鉄駅構内の拡張、内装・照明の整備
地域貢献分野	整備運営	✔ 劇場の整備・運営 ✔ コンベンション・カンファレンス施設の整備・運営 ✔ ミュージアム・アカデミーの整備・運営 ✔ 観光案内所の整備・運営 ✔ 地域交流施設の整備・運営 ✔ 産業支援施設の整備・運営 ✔ 情報発信拠点施設の整備・運営
	施設導入	✔ 医療施設の導入 ✔ 保育所の導入 ✔ 生活利便施設（スーパー等）の導入 ✔ 教育関連施設の導入 ✔ 国際水準・滞在型宿泊施設の導入
防災分野		✔ 防災備蓄倉庫の整備 ✔ 雨水貯留槽の整備 ✔ 広場等の帰宅困難者の一時避難空間の提供 ✔ 物資（飲料水・食料・簡易トイレ）の提供 ✔ 防災情報の提供
環境・景観分野		✔ CASBEEの目標水準の設定 ✔ 地域冷暖房施設の更新・新設 ✔ 目標緑被率（対敷地面積）の設定 ✔ 目標CO_2排出量の削減原単位の設定 ✔ 周辺道路の植栽・舗装・電線類地中化整備 ✔ 敷地外のオープンスペースの整備 ✔ 歴史的建造物の保全・活用

観分野といったものは少なかった。例えば2003年に提案された大阪駅西口E東地区（シンクパーク）は、事業敷地 890㎡の無償提供による交通広場の拡充・整形化や約3,500㎡の「大崎の森」の整備などが公共貢献と

図3-12 公共貢献分野の推移

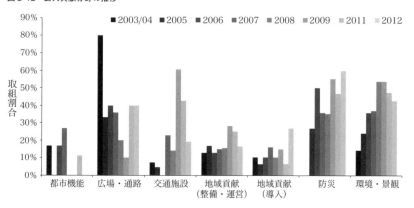

して評価されていた。これは当該地区が従来の特例制度である再開発等促進区を定める地区計画の適用を前提に事業計画を策定していたことも影響している。しかし、都市再生特別地区の指定が増加するにつれて、広場・通路分野の取組割合は低下する一方で、近年社会的要請が高まっている防災分野や環境・景観分野の取組割合や、地域の課題解決に向けた地域貢献分野の取組割合が増加している。なかには、渋谷二丁目21地区や京橋二丁目16地区のように敷地制約上の観点から広場・通路分野に関する公共貢献が一つも含まれない地区も存在する。

このように活用実績が増加するにつれて公共貢献が多様化しているのには二つの要因が考えられる。

第一に過去の事業と同じような公共貢献を提案しても評価されにくいという点がある。東京都が公共貢献の評価にあたっての基本的な考え方をとりまとめた「東京都における都市再生特別地区の運用について」では、地域に不足している機能の強化・充実や地域の独自性を踏まえた効果的な機能の導入などの地域性を重視した記述が多くみられる。そのため、過去の事業において高く評価された公共貢献でも、地域性が考慮されていなければ評価されにくい。したがって、民間事業者は過去の事業において活用した取り組みをそのまま踏襲するのではなく、案件毎に地域の特性や課題を

十分に踏まえた公共貢献を提案することで高い評価を得ており、この取り組みが公共貢献の多様化に大きく寄与している。

　第二に、都市再生特別地区の活用実績が増加するにつれて、東京都職員に民間事業者からの提案を引き出す能力が蓄積されている点がある。民間事業者からの公共貢献は、東京都職員との複数回にわたる協議によって徐々に内容が具体化している。この協議では、一方的に民間事業者からの提案を聞き取るのではなく、東京都からも当該地域の特性や課題、さらには他事業の公共貢献などを伝達することで、より地域性を踏まえた公共貢献に深化させている。こうした要因によって、近年の都市再生特別地区では非常に独創性の高い公共貢献が多数創出されているのである。

（2）大規模化・高質化する広場・通路の取組み

　それでは、具体的にどのような取組みが行なわれているのであろうか。26件の公共貢献を整理した表3－14の中から、各分野の代表的な取組みを紹介していくことにする。最初は広場・通路の取組みである。この分野

図3－13　シンクパークタワー（左上）、大手町タワー（右上）、御茶ノ水ソラシティ（左下）の広場空間

出所）筆者撮影

図3-14　日本橋二丁目地区（左）と浜松町二丁目4地区（右）で整備している広場空間

出所）三井不動産および世界貿易センタービルディングプレスリリースから転載

は、特定街区、総合設計、再開発地区計画などのこれまでの特例制度でも公共貢献として評価対象とされてきた。前述のシンクパークタワー（大崎駅西口E東地区）や大手町タワー（大手町一丁目6地区）は敷地内に3,600㎡の緑化空間を創出させた。また、日立製作所本社跡地を再開発した御茶ノ水ソラシティ（神田駿河台四丁目6地区）は、これまで駅前広場がなかった御茶ノ水駅聖橋口に3,000㎡のソラシティプラザを創出した。プラザからはニコライ堂や湯島聖堂が一望できる緑豊かな広場となっており、駅利用者のみならず周辺の就業者の憩いの空間となっている。さらに近年の都市再生特別地区では広場の規模が拡大しており、高島屋東京店を含む周辺建築物を再開発している日本橋二丁目地区では、地上と屋上をあわせて7,500㎡の広場を整備している。また、山手線浜松町駅に隣接する世界貿易センタービルディングを建替えしている浜松町二丁目4地区では、JR、モノレール、地下鉄の乗り換えを円滑化するため、3,500㎡のステーションコアと呼ばれる駅前広場を整備している。

（3）敷地外にも展開する交通施設の取組み

次に交通施設の取組みである。この分野も駐輪場・駐車場の整備や地上出入口の整備などはこれまでの特例制度の公共貢献でも評価対象となっていた。しかし、都市再生特別地区では、敷地外にある地下鉄駅構内の拡張、内装・照明の更新、改札機の増設など本来は鉄道事業者が行なうことも評価対象となっている。例えば、三越銀座店新館（銀座四丁目6地区）では、

図3-15 銀座三越(左上)、コレド室町(右上)、JPタワー(左下)で整備された地下駅前広場

出所)筆者撮影

銀座四丁目駅の駅前広場の拡充や晴海通りの下にある地下道を拡幅している。また、コレド室町(日本橋室町東地区)では、通勤ラッシュ時に混雑する三越前駅の駅前広場を整備するため、江戸桜通り地下に防災機能を兼ねた860㎡の駅前広場を新たに整備している。さらにJPタワー(丸の内二丁目7地区)においても東京駅の地下広場を拡充するために3,800㎡を民間事業者の負担において整備している。

(4) 地域特性を活かした地域貢献施設の取組み

地域貢献施設は、非常に多岐にわたる取組みが行なわれている。前述で紹介した日経ビル・JAビル・経団連会館(大手町地区)やJPタワー(丸の内二丁目7地区)で整備・運営されているコンベンション・カンファレンス施設や、丸の内パークビルディング(丸の内2-1地区)で整備・運営されているミュージアム・アカデミーは他地区においても数多く取り組まれている公共貢献である。また、大崎ウエストシティタワーズ(大崎駅西口A地区)やパークシティ大崎(北品川五丁目第1地区)で導入した保育所やスーパーやクリニックなどの生活利便施設なども他地区で取り組

図3-13 パークシティ大崎の産業交流施設SHIP

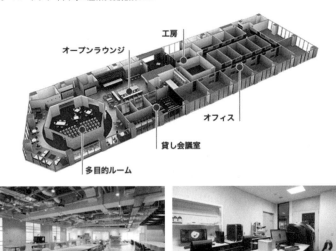

出所）Shinagawa Industrial Platformホームページより転載

まれることが多い。一方、御茶ノ水ソラシティ（神田駿河台四丁目6地区）では、周辺に数多くの大学や専門学校が立地する特性を生かして、地域の教育機能をさらに強化・充実に貢献するため3～5階9,000㎡にデジタルハリウッド大学などの教育関連施設を誘致した。また、パークシティ大崎（北品川五丁目）では、周辺に立地する企業に加えて国内外のクリエイターやデザイナーが交流し、新たなビジネスを創出する産業支援交流施設「SHIP（Shinagawa Industrial Platform）」が整備された。この施設では、460名が収容できる多目的ルーム、会員制オープンラウンジ、レンタルフィス、3Dプリンターや各種測定装置を備えた工房などが整備された。

（5）標準化する防災、環境・景観の取組み

防災の取組みは、近年の都市再生特別地区では大部分の地区において導入されている公共貢献である。数多く導入されている取組みとしては、防

NO.154 出版案内

水曜社 URL www.bookdom.net/suiyosha/

〒160-0022 東京都新宿区新宿1-14-12 TEL 03-3351-8768 FAX 03-5362-7279
お近くの書店でお買い求めください。　表示価格はすべて本体価格(税別)です。

新刊のご案内

東京・都市再生の真実
ガラパゴス化する不動産開発の最前線

加熱する不動産開発の果てに待つ未来とは!?
2000年代の不動産開発は実に、バブル期に匹敵する
巨額投資がなされていた。特区制度「都市再生」による
成果や課題を通して今後の東京における不動産開発の
あり方を論じる、気鋭の力作。

北崎朋希 著
978-4-88065-369-3　C0033 A5判並製　2,300円

団地再生まちづくり 4
進むサステナブルな団地・まちづくり

海外の事例と国内の最新プロジェクト、暮らしに対する
新たな価値観を紹介。老朽化が進み、膨大な「空き家」
も問題視されている日本の団地。本書は団地再生の
未来について多方面から提言し、持続可能な社会を実
現するための方策を考える好評シリーズ第4弾。

団地再生支援協会・NPO団地再生研究会・合人社計画研究所 編著
978-4-88065-367-9　C0052 A5判並製　1,900円

文化とまちづくり叢書

地域社会の未来をひらく　遠野・京都二都をつなぐ物語
地域の文化を活かす。歴史や伝統を尊重する。産業を次世代に継承するために
978-4-88065-368-6　　　　　　　　　　　遠野みらい創りカレッジ 編著　A5判並製　2,500円

地域創生の産業システム　もの・ひと・まちづくりの技と文化
創造性と持続可能性の視点から、ものづくりに関わる人々と地域の取り組みに光を当てる
978-4-88065-353-2　　　　　　　　　　　　　十名直喜 編著　A5判並製　2,500円

NPOの後継者　僕らが主役になれる場所
次世代のNPO人として成長してゆく若者たちの価値観と創業世代に出来ることとは
978-4-88065-361-7　　　　　　　　　　富永一夫・永井祐子 著　A5判並製　2,000円

市民ベンチャー NPOの底力 [増補新版] まちを変えた「ぽんぽこ」の挑戦
指定管理者制度を最大限活用する地域密着型NPOの成功事例を紹介する
978-4-88065-294-8　　　　　　　　　　富永一夫・中庭光彦 著　A5判並製　1,800円

文化芸術振興の基本法と条例　文化政策の法的基盤Ⅰ
大きく変化した現状に合わせ旧著『文化政策の法的基盤』を大幅改訂を施した最新刊
978-4-88065-313-6　　　　　　　　　　　根木昭・佐藤良子 著　A5判並製　2,500円

公共ホールと劇場・音楽堂法　文化政策の法的基盤Ⅱ
文化政策学の第一人者が「劇場法」について逐条解釈した公共文化施設関係者必読書
978-4-88065-314-3　　　　　　　　　　　根木昭・佐藤良子 著　A5判並製　2,500円

愛される音楽ホールのつくりかた　沖縄シュガーホールとコミュニティ
住民、アーティスト、自治体が一体となり芸術文化にはたすホールのありかたを探る
978-4-88065-293-1　　　　　　　　　　　　　　中村透 著　A5判並製　2,700円

文化からの復興　市民と震災といわきアリオスと
震災後を文化とアートの力から展望し公共文化施設と芸術の持つ可能性を考察する
978-4-88065-296-2　ニッセイ基礎研究所・いわき芸術文化交流館アリオス 編著　A5判並製　1,800円

チケットを売り切る劇場　兵庫県立芸術文化センターの軌跡
成功した文化施設(劇場)はどこが違うのか。優れたマネジメントの成果を検証する
978-4-88065-283-2　　　　　　　　　　垣内恵美子・林伸光 編著　A5判並製　2,500円

公共文化施設の公共性　運営・連携・哲学
新たな地域・市民社会の形成に公共文化施設の果たすべき役割とは何かを考える
978-4-88065-257-3　　　　　　　　　　　　　　藤野一夫 編　A5判並製　3,200円

浪切ホール2002-2010　いま、ここ、から考える地域のこと 文化のこと
同財団の立ち上げから指定管理者変更にいたるまでの9年間の検証と施設運営の将来
978-4-88065-285-6　　　　　　　財団法人岸和田市文化財団 発行　A5判並製　2,200円

フットパスによるまちづくり　地域の小径を楽しみながら歩く
楽しく歩いて環境保全や防災整備。英国生まれのフットパスが日本のまちづくりを変える
978-4-88065-321-1　　　　　　　　　　　　　神谷由紀子 著　A5判並製　2,500円

指定管理者は今どうなっているのか
管理者が直面する問題点とは。指定獲得のノウハウや業務などを実践の場からレポート
978-4-88065-193-4　　　　　　　　　　　中川幾郎・松本茂章 編著　A5判並製　2,000円

フランスの文化政策　芸術作品の創造と文化的実践
なぜフランスは芸術文化大国たりえるのか。最先端の文化政策論
978-4-88065-189-7　　　クサビエ・グレフ 著　垣内恵美子 監訳　A5判上製　3,500円

文化政策学入門
文化政策の現実態を水平把握し論点を整理、実学視点から体系化を試みた初の入門書
978-4-88065-230-6　　　　　　　　　　　　　　　根木昭 著　A5判並製　2,500円

文化行政法の展開　文化政策の一般法原理
文化行政に係わる一般法原理を解説、体系化。研究者必読の書
978-4-88065-149-1　　　　　　　　　　　　　　　根木昭 著　A5判上製　3,000円

デジタルアーカイブ　基点・手法・課題
最前線で調査・分析し続けた著者が構築・公開・更新から著作権の処理法まで事例を概説
978-4-88065-245-0　　　　　　　　　　　　　　　笠羽晴夫 著　A5判並製　2,500円

フィリピンのアートと国際文化交流
ネガティブな社会情勢とは裏腹な芸術の宝庫、豊穣の島々・フィリピンから始まる国際交流
978-4-88065-284-9　　　　　　　　　　　　　　　鈴木勉 著　A5判並製　2,800円

社会・歴史・文化

アートプロジェクト　芸術と共創する社会
「日本型アートプロジェクト」の概要と歴史、事例を学ぶための必読書
978-4-88065-333-4　　　　熊倉純子 監修　菊地拓児・長津結一郎 編　B5変判並製　3,200円

地域の力を引き出す学びの方程式　柏まちなかカレッジにみる教育×まちづくりの答え
みんなが先生で、みんなが生徒。地域のために、ひとりひとりが出来る取り組みとは
978-4-88065-331-0　　　　　　　　　　　　　　　山下洋輔 著　A5判並製　2,200円

黒髪と美女の日本史
「黒髪」の変遷と時代の文化・習俗との関係性を、豊富な図版を交え読み解く
978-4-88065-302-0　　　　　　　　　　　　　　　平松隆円 著　A5判並製　2,200円

化粧にみる日本文化　だれのためによそおうのか?
心理と行動、文化と風俗の2つの側面から、わが国の化粧をとらえなおす
978-4-88065-217-7　　　　　　　　　　　　　　　平松隆円 著　A5判上製　3,500円

中国における日系煙草産業 1905-1945
たばこ産業の大陸での企業活動から、近代アジア史を体系的・実証的に解明する
978-4-88065-317-4　　　　　　　　　　　　　　　柴田善雅 著　菊判並製　4,200円

冠婚葬祭の歴史　人生儀礼はどう営まれてきたか
日本の「儀礼文化」の変遷を、豊富な図版を交えながらわかりやすく解説する
978-4-88065-350-1　　　　互助会保証株式会社・全日本冠婚葬祭互助協会 編　B5判並製　1,000円

URP GCOE DOCUMENT (不定期刊行)

⑭	アート市場への挑戦:障がい者の芸術表現の可能性	978-4-88065-360-0
⑬	船場アートカフェ2 2008年4月–2012年3月	978-4-88065-289-4
⑫	社会的包摂と舞台表現	978-4-88065-288-7
⑪	Creating Cities;Culture, Space, and Sustainability	978-4-88065-287-0
⑩	Chinese Cities and the Outside World	978-4-88065-271-9
⑨	International Symposium	978-4-88065-270-2
⑧	地域の声を結ぶアート	978-4-88065-258-0
⑦	Managing Sustainability and Creativity	978-4-88065-238-2
⑥	記憶と地域をつなぐアートプロジェクト	978-4-88065-236-8
⑤	社会的接点としてのアートマネジメント	978-4-88065-235-1
④	都市　再生と創造性	978-4-88065-234-4
③	世界創造都市フォーラム 2007	978-4-88065-233-7
②	船場アートカフェ 2006年1月–2008年3月	978-4-88065-232-0
①	創造都市のためのアートマネジメント	978-4-88065-231-3

発行:大阪市立大学都市研究プラザ　価格:各号2,700円、⑨3,200円、⑭2,000円

談　Speak, Talk, and Think (3月、7月、11月 年3回刊行)

談 100号記念選集	1973年創刊。40本の対談・鼎談・インタビューを再録	978-4-88065-348-8
no.104	恐怖の報酬「怖いもの見たさ」の謎 山根一郎、加藤耕一、都留泰作	978-4-88065-372-3
no.103	メディア化するコミュニケーション 桂英史、奥村隆、伊藤守	978-4-88065-366-2
no.102	レジリエンス 都市への視線 松本康、山下祐介、園部雅久	978-4-88065-358-7
no.101	母子の生態系 遠藤利彦、信田さよ子、林もも子	978-4-88065-351-8
no.100	人間、もう一度見つけだす。中村桂子、國分功一郎、鷲田清一	978-4-88065-343-3
no.99	社会脳、脳科学の人間学的転回 藤井直敬、岡ノ谷一夫、美馬達哉	978-4-88065-339-6
no.98	誰のための公共性?山脇直司、橋本努、稲葉振一郎	978-4-88065-332-7
no.97	〈快〉のモダリティ廣中直行、間々田孝夫、十川幸司	978-4-88065-323-5
no.96	痛みの声を聴く粥川準二、外須美夫、篠原雅武	978-4-88065-315-0
no.95	魂の承継島薗進、神崎繁、安藤泰至	978-4-88065-310-5
no.94	縮退の方途　鬼頭宏、赤川学、五十嵐敬喜	978-4-88065-298-6

発行:公益財団法人 たばこ総合研究センター[TASC]　価格:各号800円、100号記念選集2,200円

災備蓄倉庫の整備、飲料水・食料・毛布などの提供、帰宅困難者の一時退避空間の提供などがある。また、通常は広告などを放映している大型モニターを活用して非常時に災害・交通情報を提供するなどの取組みを行なう地区も存在する。さらにパークシティ大崎（北品川五丁目第1地区）では、集中豪雨による目黒川の氾濫や水質汚濁を防ぐため、雨水を一時的に貯留する雨水貯留槽と下水道管路を整備している。

　環境・景観の取組みも防災と同様に近年の都市再生特別地区では広く導入されている公共貢献である。一般的な取組みとしては建築物の環境性能を示したCASBEEの最高水準であるSランクやそれに次ぐAランクの取得や、従前の建築物からのCO_2排出量の削減単位を目標に設定することが多い。また、周辺道路の植栽や舗装、電線類の地中化整備の取組みを行なう地区も多い。一方、一部の地区では、複数の建築物に空調用の熱供給を行なう地域冷暖房施設の更新・新設の取組みを行なっている。地域冷暖房施設は1970年代から大都市中心部で普及してきたが、近年設備の老朽化とともに更新問題が顕在化していた。清水建設本社ビル（京橋二丁目16地区）では、京橋二丁目周辺の約4.8haに熱供給を行なっている設備を高効率機器へと更新する取組みを行なっている。これにより新たに年間2,100tのCO_2排出量を削減する見込みである。また、前述のJPタワー（丸の内二丁目7地区）では、地域冷暖房施設を新たに設置し、隣接する建築物に熱供給している既存の設備と連携運転を行なうことで年間850tのCO_2排出量を削減する見込みである。

表3-14 東京都における都市再生特別地区の公共貢献一覧

公共貢献分野			大崎駅西口E東地区	大崎駅西口A地区	丸の内1-1地区	大手町地区	西新宿一丁目7地区	丸の内2-1地区	淡路町二丁目西部地区	大手町一丁目6地区	日本橋室町東地区	北品川五丁目第一地区
概要		正式提案時期	03年8月	04年10月	05年1月	05年10月	05年11月	06年3月	06年12月	07年3月	07年3月	07年3月
		都市計画決定時期	04年1月	05年3月	05年6月	06年1月	06年3月	06年8月	07年4月	07年8月	07年8月	07年8月
都市機能分野		業務機能の導入・更新									○	
		商業機能の導入・更新									○	
		居住機能の導入・更新		○							○	
広場・通路分野		区画道路の整備	○									○
		広場の整備（屋上広場等含む）	3,500㎡				840㎡	1,100㎡	2,830㎡	3,600㎡	1,800㎡	○
		歩道状空地の整備	○	○	1,000㎡		840㎡		○			
		通路の整備（地下通路含む）						○			○	
		歩行者デッキの整備	○	○								
交通分野		バス・タクシープールの整備										
		附置義務以上の駐車場・駐輪場の整備	○									
		地下駅前広場の整備								○	860㎡	
		地上出入口EV・ESの整備										
		改札機の増設、改札空間の新設・拡張										
		地下鉄駅構内の拡張、内装・照明の整備								○		
地域貢献分野	整備運営	劇場の整備・運営										
		コンベンション・カンファレンス施設の整備・運営				○	○					
		ミュージアム・アカデミーの整備・運営						6,000㎡				
		観光案内所の整備・運営			○							
		地域交流施設の整備・運営		850㎡					700㎡			595
		産業支援施設の整備・運営										4,70
		情報発信拠点施設の整備・運営		1,000㎡		○						
	施設導入	医療施設の導入									○	
		保育所の導入		○								1,42
		生活利便施設（スーパー等）の導入							○			
		教育関連施設の導入										
		国際水準・滞在型宿泊施設の導入			○					○		
防災分野		防災備蓄倉庫の整備				400㎡		100㎡	200㎡		500㎡	
		雨水貯留槽の整備							1,000 t			○
		広場等の帰宅困難者の一時避難空間の提供			○			○	○			
		物資（飲料水・食料・簡易トイレ）の提供			○				○			
		防災情報の提供							○			
環境・景観分野		CASBEEの目標水準の設定			Sランク	Aランク	Sランク	Aランク	Sランク	Aランク	Aランク	Aラン
		地域冷暖房施設の更新・新設				○						
		目標緑被率（対敷地面積）の設定	30%	30%					26%			30%
		目標CO$_2$排出量の削減原単位の設定						39%		31%	33%	
		周辺道路の植栽・舗装・電線類地中化整備				○						
		敷地外のオープンスペースの整備				○						
		歴史的建造物の保全・活用										
その他貢献事項					※1			※2	※3	※4		
域外貢献の有無					○	○		○	○	○		

【表の見方】都市計画審議会に提出された資料に記載された貢献内容のうち、上記項目に該当するものに「○」を入力している。また、面積や割合等の具体的な数値の記載があった事項は、その
【その他貢献】※1：連鎖型再開発における先導プロジェクトの実現、※2：交通負荷を極力かけずに業務機能の更新・高度化、※3：約1,050㎡の学生ボランティア支援施設（学生居住用戸数20～30戸）の
鳥類の生育環境の整備、※7：世界初の窓面太陽光発電パネルの設置、※8：京橋環境ステーションの整備・運営、※9：建物の不燃化・耐震化による安全な市街地の形成、※10：皇居

銀座?丁目地区	渋谷二丁目21地区	神田駿河台三丁目9地区	京橋二丁目16地区	大手町地区B-1	丸の内二丁目7地区	京橋二丁目3地区	銀座四丁目12地区	神田駿河台四丁目6地区	京橋三丁目1地区	丸の内一丁目1-12地区	銀座六丁目10地区	日本橋二丁目地区	大手町一丁目1地区	大手町地区B-2	浜松町二丁目4地区
07年10月	07年10月	08年1月	08年1月	08年9月	08年9月	09年1月	09年1月	09年10月	09年10月	11年3月	11年7月	11年7月	12年1月	12年7月	12年10月
08年3月	08年3月	08年6月	09年6月	09年3月	09年3月	09年6月	09年6月	10年3月	10年3月	11年8月	11年12月	11年12月	12年6月	12年12月	13年3月
○											○				
00㎡		1,700㎡	○	750㎡			3,000㎡		300㎡		4,200㎡	7,500㎡	2,800㎡		3,500㎡
			○					○		○	○	○			
													○		○
					○	○		○							○
○							○								○
				3,800㎡	○	1,300㎡	1,400㎡	○			1,500㎡		○		
	○	○		○	○	○	○		○		○		○		
		○			○		○		○						
○	○						○								
	2,000席						18,600㎡								
	○	2,000㎡		6,500㎡	○			1,500㎡				○			9,000㎡
	○			2,500㎡	4,000㎡	4,000㎡	1,600㎡					○			
○					1,500㎡		○				500㎡	○			600㎡
		100㎡				○			○						
			○								2,600㎡		700㎡	3,000㎡	
						200㎡	150㎡				1,300㎡				
			1,800㎡					2,000㎡							2,000㎡
○		1,000㎡						300㎡							300㎡
								9,000㎡							
										10,000㎡			15,000㎡	12,000㎡	
200㎡	200㎡	200㎡	400㎡		200㎡	200㎡	200㎡	200㎡	200㎡		○	○	○	○	○
												○			
	○	○	○		○	○	○	○	○		○	○	○	○	○
○	○											○			
	○			○		○		○	○		○	○			
ランク	Aランク	Sランク	Sランク	Sランク	Sランク	Aランク	Sランク	Sランク	Sランク	Sランク	Sランク	Sランク	Sランク	Sランク	Sランク
		○	○	○							○		○		
	30%	28%	68%	20%	22%	23%	15%	45%	36%	35%	52%		45%	35%	34%
36%	51%	21%	33%	40%	36%	36%	36%	35%	39%	36%	39%	36%	36%	35%	32%
												○			
			2,500㎡												
					○	○									
	※5	※6	※7					※8				※9	※10		
○													○		

入力している。

1:鳥類の飛来、花木、カフェ等による賑わい形成、※5:銀座駅の駅移設空間の提供、※6:SEGES(緑化基金により策定された緑地評価制度)の最高評価の取得、
の水質改善に資する浄化・貯留施設の整備

3-4 新たに2兆円以上の資産価値を獲得した民間事業者

(1) 都市再生特別地区による割増容積率の実態

都市再生特別地区は、規制緩和によって民間事業者による建設投資を大きく増加させ、東京都心における地価上昇に大きく寄与した。それでは都市再生特別地区によって、どのくらいの規制緩和が行なわれたのであろうか。

都市再生特別地区内では、既存の都市計画・建築規制が全て適用除外となり、新たな都市計画・建築規制の設定が可能となるが、なかでも民間事業者にとって最大の関心は容積率の最高限度の設定である。2013年3月末までに都市再生特別地区によって設定された容積率の最高限度と従前に指定されていた容積率の差分(以下、「割増容積率」とする)を自治体別に整理したのが表3-13である。

これをみると、全国平均で387%(他の特例制度による割増容積率を含

表3-13 自治体別の割増容積率の状況

	容積率の最高限度	割増容積率		割増床面積	
		平均値	最大値	合計値	平均値
東京都	1,650%	378%	605%	152.7万㎡	5.9万㎡
大阪市	1,800%	523%	900%	125.0万㎡	8.3万㎡
名古屋市	1,420%	338%	493%	21.3万㎡	3.6万㎡
広島市	1,100%	189%	276%	7.5万㎡	2.5万㎡
高松市	550%	25%	50%	0.2万㎡	0.1万㎡
札幌市	1,270%	335%	470%	5.6万㎡	2.8万㎡
仙台市	1,100%	475%	500%	2.3万㎡	1.1万㎡
浜松市	900%	266%	300%	4.0万㎡	2.0万㎡
横浜市	400%	200%	200%	14.2万㎡	14.2万㎡
岐阜市	1,000%	200%	200%	0.8万㎡	0.8万㎡
高槻市	400%	200%	200%	11.6万㎡	11.6万㎡
神戸市	1,600%	800%	800%	2.0万㎡	2.0万㎡
北九州市	900%	400%	400%	1.6万㎡	1.6万㎡
		全国平均:387%		全国合計348.8万㎡	

注)他の特例制度を含めると東京都の割増容積率平均値は408%となる。

めると397％）であり、最大の割増容積率を有する地区は大阪駅桜橋口に2008年に竣工したブリーゼタワー（梅田二丁目地区）の900％である。このブリーゼタワーは、敷地面積5,290㎡という狭小な空間に地上34階地下3階・延床面積8.5万㎡を確保し、オフィス、商業施設、劇場、ホール、展望台などの多彩な用途を組み入れたものである。一方、東京都で最大の割増容積率を有する地区は、松坂屋銀座店と周辺建築物を建替し2016年に竣工予定である銀座六丁目プロジェクト（銀座六丁目10地区）である。第1章でも説明したように延床面積14.7万㎡のオフィスや能楽堂を併設する商業施設に再開発するものであるが、この再開発では2街区に挟まれた道路上空を開発することで、銀座地区において1フロアあたり最大の床面積を有する商業施設が出現する予定である。一方、最小の割増容積率を有する地区は、容積率の最高限度の変更を行なわなかった高松市丸亀町商店街の丸亀町グリーン（高松丸亀町商店街G街区西及び東）の0％であった。丸亀町商店街は、中心市街地の活性化において所有権と利用権を分離した不動産開発を初めて実施したことで全国から注目を集めている地区である。この商店街の4番目の再開発として2012年に竣工したのが丸亀町グリーンであり、敷地面積8,900㎡に延床面積4.4万㎡の商業施設、ホテル、住宅を整備した。地方都市であることから不動産需要がそれほど高くないため、容積率の緩和は行なわずに斜線制限などの緩和を行なっている。

　次に、割増容積率を床面積に換算した割増床面積をみると、全国で349万㎡、1事業あたり5.5万㎡の床面積が新たに創出されている。割増床面積の最大は大手町地区の30万㎡、最小は容積率の最高限度を変更しなかった丸亀町グリーン（高松丸亀町商店街G街区西及び東）であった。この大手町地区は、地区内の個別事業による緩和ではなく、連鎖型都市再生プロジェクトの対象地域である大手町全域12.4haに対し、道路整備を公共貢献として一体的に割増容積率を付与しているため割増床面積が大きくなっている。なお、自治体別にみると、東京都の153万㎡が最大であり、次いで大阪市の125万㎡となっている。これらの二大都市で全体の割増床面積の約8割を占めている。

　さらに指定容積率と割増容積率の関係を整理したのが図3－17である。

図3-17　指定容積率と割増容積率の関係（指定件数ベース）

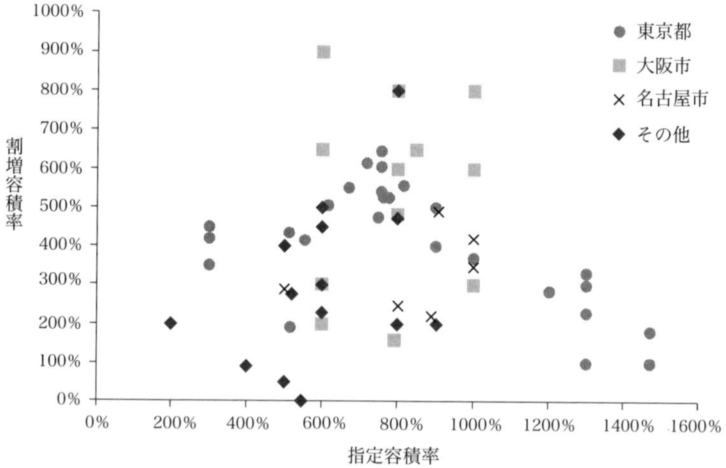

注）指定容積率1,300％超は都市再生特別地区が変更された大手町地区B-1とB-2である。

　これをみると、東京都は指定容積率が1,000％未満の地区では割増容積率が200～600％の範囲で設定されているが、1,000％以上は400％未満に設定されている。

　そのため、図3-18で整理した指定容積率と容積率の最高限度の関係をみると概ね正の相関がみられる。一方、大阪市は指定容積率が600～1,000％の範囲で都市再生特別地区は指定されているが、割増容積率は150～900％と広範囲に設定されており、指定容積率と容積率の最高限度の関係をみても正の相関はみられない。このことから大阪市は、東京都よりも指定容積率の水準にとらわれずに柔軟な割増容積率を設定しているといえる。第2章で紹介したように、都市再生特別地区はこれまでの特例制度の問題点であった既存の都市計画による規制をベースとした積上型運用を脱却することを一つの目的としていた。そのため、大阪市のように指定容積率にとらわれずに割増容積率を設定することは、制度創設の趣旨を踏まえた運用であるといえる。

（2）各地区における割増容積率の資産価値

図3-18 指定容積率と最高限度の関係（指定件数ベース）

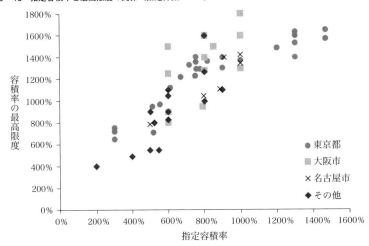

　それでは、この割増容積率はどの程度の資産価値を有するものなのであろうか。割増容積率によって創出される床面積は、公共貢献として一部利用されているが、その多くは不動産開発の主用途であるオフィス・商業施設・住宅・ホテルなどとして利用されている。そのため、都市再生特別地区の活用による割増容積率の付与は、収益性の観点から事業に大きな影響を与えているといえる。こうした割増容積率の事業に対する影響を把握するためには、事業の時期や地域、さらには利用する用途によって容積率の資産価値は大きく異なる。これは、不動産開発の収入源である賃料や分譲価格などの不動産価格が事業の時期・地域・用途によって大きく異なるためである。そのため、容積率や床面積を単純に比較しても事業に対する影響を把握するには不十分である。そこで本節では、提案時期及び地域の用途別不動産価格などを用いて、割増容積率による不動産価値（以下、「割増不動産価値」とする）を算出し、その影響を把握していくことにする。

　ここで割増不動産価値を「割増容積率によって創出される床面積が各事業の主たる用途に用いられた場合に得られる収益」と定義し、不動産鑑定評価などに広く用いられる収益還元法という手法を用いて算出する。収

収益還元法とは、対象不動産が将来生み出すであろうと期待される純収益の現在価値を求めて不動産価値を算出する手法であり、一般的な不動産取引における売却または購入価格の決定や、地価公示や地価調査にも用いられている手法である。この収益還元法には、直接還元法と DCF（Discount Cash Flow）法の２つの方法が存在するが、本分析では各事業が前提とする投資期間などが不明であるため、直接還元法を用いることにする。直接還元法の数式は下記のとおりである。

$$P = \frac{NOI}{r} = \frac{EGI - OPEX}{r}$$

P：割増不動産価値
NOI：純利益（*Net Operating Income*）
EGI：賃料収入（*Effective Gross Income*）
$OPEX$：運営費（*Operating Expenses*）
r：還元利回り

　純収益NOIには、年間賃料収入EGIから年間運営費OPEXを差し引いたものを用いた。この年間賃料収入は、提案時期の周辺不動産価格（主たる用途がオフィスや商業施設の場合は賃料、分譲住宅の場合は分譲単価）にレンタブル比や空室率を考慮した割増床面積を乗じて算出した。また、年間運営費は、建物修繕費、損害保険料、固定資産税及び都市計画税を対象とし、管理運営費、維持管理費は共益費と相殺すると仮定した。なお、建設工事費は建築工事単価30万円/㎡と設定し、割増床面積に乗じることで算出した。さらに還元利回りｒは、日本不動産研究所が半年毎に公表している不動産投資家調査を用いて、提案時期における直近の調査結果である地域別及び用途別の期待利回りを用いた。

　この方法を用いて割増不動産価値を算出した結果が図３－19である。これをみると、東京都全体では２兆4,472億円、１事業あたり平均941億円の割増不動産価値が民間事業者に付与されている。割増不動産価値が最も大きな地区は大手町地区の6,644億円であったが、これは前述のとおり個別事業ではなく、連鎖型都市再生プロジェクトの対象地域12.4haに指

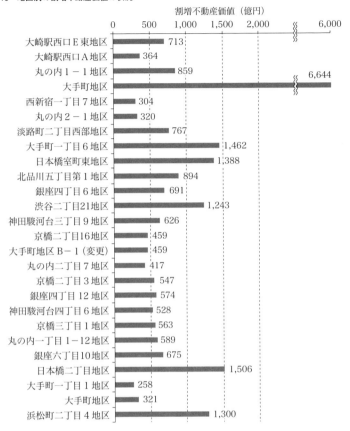

図3-19　地区別の割増不動産価値の状況

定されたため割増不動産価値が大きくなっている。一方、個別事業で指定した地区では、高島屋日本橋店と周辺建築物を再開発する日本橋二丁目地区および北地区第1種市街地再開発事業（日本橋二丁目地区）の1,506億円が最も大きな割増不動産価値となった。この地区では、敷地面積2.6万㎡に505％の割増容積率（都市再生特別地区のみ）が設定され、延床面積33.9万㎡のオフィスや商業施設が竣工する予定である。

さらにこの割増不動産価値が事業全体の価値に占める割合を事業別に整理したのが図3-20である。これをみると、指定容積率が低いほど事

図3-20 指定容積率と割増不動産価値割合の関係

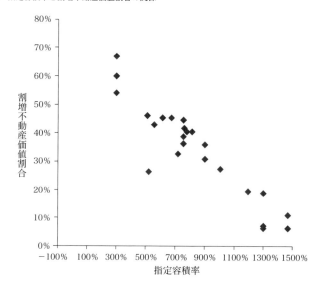

図3-21 都市再生特別地区と特定街区における1事業あたりの割増不動産価値の比較

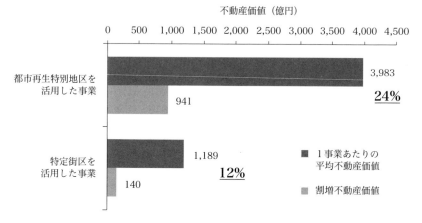

業全体に占める割増不動産価値の割合が高くなっている。例えばパークシティ大崎（北品川五丁目第1地区）、シンクパークタワー（大崎駅西口E東地区）、大崎ウエストシティタワーズ（大崎駅西口A地区）は、準工業地域に指定されているため指定容積率は 300％であった。しかし、都市再生特別地区を活用することで、容積率の最高限度がそれぞれ723％、750％、650％と大幅に引き上げられたことによって、事業全体に占める割増不動産価値の割合も67％、60％、54％と高い水準となっている。

　この割増不動産価値の割合は、これまでの特例制度を活用した場合よりも非常に高い割合となっている。東京都において同時期にこれまでの特例制度である特定街区を活用した事業の割増不動産価値の割合を比較したのが図3−21である。これをみると、都市再生特別地区を活用した事業における割増不動産価値の割合は24％であったが、特定街区を活用した事業における割増不動産価値の割合は12％であった。このことから、都市再生特別地区は、これまでの特例制度よりも事業の収益性に大きな影響を与えているといえる。

3-5 資産価値の最大化に向けて過熱する民間事業者の提案競争

 都市再生特別地区は不動産開発の収益向上に大きな影響を与えるため、民間事業者は都市再生特別地区の指定を受けるために数多くの情報収集や協議を重ねて、都市の再生に資する取組みを多数創出している。本節では、東京都における都市再生特別地区のなかでも、ビジネス、観光・文化、地域活性化、環境といった分野で特に独創性の高い不動産開発を紹介する。

(1) 国際金融機能の強化支援を提案した大手町フィナンシャルシティ

 大手町フィナンシャルシティ(大手町地区B-1)は、大手町連鎖型都市再生プロジェクト(大手町合同庁舎跡地を種地として大手町地区13haを順番に建替えする事業)の第2次事業である大手町一丁目第2地区第一種市街地再開発事業によって誕生した。都市再生特別地区は、この事業の代表施行者である都市再生機構から2008年9月に提案されたものである。大手町フィナンシャルシティでは、約1.4万㎡の敷地に延床面積約24.1万㎡(A棟:地上30階地下4階、B棟:地上34階地下4階)のオフィス、交流施設、医療施設、商業施設から構成される建築物を整備した。当事業敷地は、2006年1月に大手町連鎖型都市再生プロジェクトとして都市再生特別地区の指定を受けており、都市計画道路の整備に関する公共貢献が評価され、指定容積率は1,200%から1,470%に緩和されていた。2008年9月の提案は、B-1街区の事業内容が具体化したことを受けて、この都市再生特別地区の変更を求めたものであり、大きく分けて3つの公共貢献を追加することで容積率を1,470%から1,570%までの緩和を提案した。事業概要は表3-14のとおりである。

 追加された公共貢献は、大きく分けて「①国際金融機能の強化に向けた業務支援施設の整備、②緑あふれる都心空間の創出、③地上・地下の歩行者ネットワークの整備」を提案した。このうち、①の取り組みでは、「約2,500㎡の金融教育・交流センターの整備・運営、約1,800㎡の国際医療サービス施設の整備・提供、約100㎡の調剤薬局の整備・提供」が提案された。

表3-14 大手町フィナンシャルシティの事業概要

施設概要		竣工写真
所在地	東京都千代田区大手町一丁目	
用途地域	商業地域、防火地域、都市再生特別地区（既決定）	
主要用途	事務所、交流施設、医療施設、店舗	
事業期間	2010年4月〜2012年9月	
敷地面積	約14,100㎡	
延床面積	約241,400㎡	
建物階数	A棟：地上30階、地下4階、157m B棟：地上34階、地下4階、177m	
事業手法	土地区画整理事業、市街地再開発事業	
都市再生への貢献	✔ 国際金融機能の強化に向けた業務支援施設の整備 ✔ 緑あふれる都心空間の創出 ✔ 地上・地下の歩行者ネットワークの整備	
割増容積率	100%（1,470%⇒1,570%）	

出所）東京都都市計画審議会資料を基に作成、写真は参考文献5）から転載

　この取り組みの背景には、2008年4月に内閣官房地域活性化統合本部会合（都市再生本部、構造改革特別区域推進本部、地域再生本部、中心市街地活性化本部及び総合特別区域推進本部を合同で開催する会合）で決定された「国際金融拠点強化プラン」において、東京駅・有楽町駅周辺地域を「金融拠点機能強化を先行させる地域」として位置づけられたことが影響している。この国際金融拠点強化プランは、アジア各都市との都市間競争が高まるなかで付加価値の高い金融関連サービス業の育成を支援するため、「①耐震性・交通アクセスなどに優れたビジネス環境の充実、②外国人金融ビジネスパーソン等の外国人高度人材が安心して来日し暮らせる生活・教育環境の整備、③金融サービスの高度化・国際化に対応できる国内人材の育成 、④都市プロモーション・情報提供」の取り組みを掲げた。これを踏まえて、大手町フィナンシャルシティでは大手町地区の国際金融拠点機能の強化に向けて、金融教育・交流センターと国際医療サービス施設を整備することで我が国の国際金融機能の強化に貢献することを目指した。

・具体的な提案内容

　金融教育文化・交流センターでは、金融サービスの高度化や取引の国際化に対応した高度金融人材の育成を目的として、双方向かつ実践的な金融教育を提供するセンターをB棟5階2,500㎡に整備・運営するものである。センターでは、高度金融人材育成のための教育プログラムとして国際金融界で活躍する高度金融人材や各方面の有識者などによる少人数で双方向型の講義・ディスカッションを実施する金融実践教育事業、最先端の金融工学や金融商品など様々なテーマについて講義を実施する金融スクール事業、高度金融人材や会員の交流の場としてのサロンスペースを設置する交流促進事業を提案した。さらに一般社会人や学生などの幅広い層への教育機会の提供として金融入門講座などを実施するセミナー・イベント・短期集中講座事業や、センターでの講義やセミナーの活動内容を全国に普及させるためにインターネットなどで情報発信する金融教育発信事業を提案した。金融教育・交流サービスの提供イメージは、図3－22のとおりである。

　一方、国際医療サービス施設では、大手町地区及び周辺地域に内科中心の小規模単科型診療所が多いことや外国語対応可能な診療所が少ないこと

図3－22　金融教育・交流サービスの提供イメージ

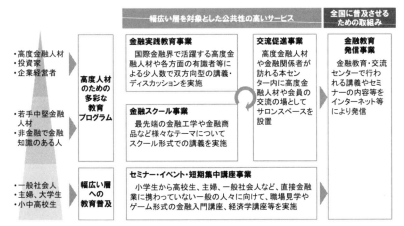

出所）東京都都市計画審議会資料から作成

を背景に、総合・初期診療型の医療機関を目的に外国人が安心して医療サービスを受けられる施設をB棟2階1,800㎡に導入することを想定した。施設では、国際標準の医療サービスの提供として外国語対応可能な医師・看護師・スタッフの配置、海外医療機関との連携による医療相談・セカンドオピニオンなどが提案され、さらに高品質な総合・初期診療型医療の提供として総合医療案内サービスの提供、24時間オンライン医療相談サービスの提供などを提案した。

・現在の整備・運営状況

　大手町フィナンシャルシティは2012年10月に竣工した。提案された金融教育文化・交流センターは「東京金融ビレッジ」としてサウスタワー（B棟）5階に、金融人材育成のためのプログラムを提供する企業・組織が入居するテナントゾーンと、ラウンジと会議室から構成される教育・交流ゾーンが整備された。テナントには、社会人向けの留学準備指導校のアゴス・ジャパン、国際財務報告基準の促進活動を行なっているIFRS財団、会計教育・研修などを行なっている会計教育研修機構などが入居している。これらの入居テナントを中心として毎月5件程度のイベント・セミナーが開催されている。しかし、少人数で双方向型の講義・ディスカッションを実施する金融実践教育事業や講義やセミナーをインターネットなどで情報発信する金融教育発信事業は、いまのところ行なわれていない。

　一方、国際医療サービス施設は、東京都中央区に拠点を置く聖路加国

図3-23　東京金融ビレッジの活用状況

出所）東京金融ビレッジホームページから転載

際メディカルセンターが入居し「聖路加メディローカス」として開業した。聖路加メディローカスでは外来診療として海外経験を有する医師を中心に一般内科、循環器内科、女性診療科、放射線科が開設され、PET検査とCT検査が同時にできるPET-CTなどの最新機器を揃えている。さらに会員制健康サポート（入会金189万円、年会費63万円）として人間ドック、フィットネス、聖路加国際病院との連携を提供している。

（2）歌舞伎文化を世界に発信する拠点を提案したギンザカブキザ

ギンザカブキザ（銀座四丁目12地区）は、400年以上の歴史を有する古典芸能である歌舞伎の専用劇場「歌舞伎座」の建替事業によって誕生した。第3代歌舞伎座は1924年に竣工して1950年に改修を行なったものの、近年では建築物の老朽化や劇場舞台設備の陳腐化が進行し、さらに耐震性能の確保やバリアフリー対応が求められていた。都市再生特別地区は、この事業主体である松竹と歌舞伎座から2009年1月に提案された。この事業では、約0.7万㎡の敷地に延床面積約9.4万㎡（地上29階地下4階）の劇場、オフィス、交流施設、教育施設、商業施設から構成される建築物を整備し

表3-15　ギンザカブキにおける事業概要

施設概要		竣工写真
所在地	東京都中央区銀座四丁目12番地他	
用途地域	商業地域	
主要用途	劇場、交流施設、教育施設、事務所、店舗	
事業期間	2010年10月～2013年3月	
敷地面積	約6,790㎡	
延床面積	約94,100㎡	
建物階数	地上29階、地下4階、150m	
都市再生への貢献	✓ 歌舞伎座の複合文化拠点の形成 ✓ 都市基盤施設の整備 ✓ みどり豊かな都市空間の創出 ✓ 環境負荷提言の取組み	
割増容積率	550%（670%⇒1,220%）	

出所）東京都都市計画審議会資料を基に作成、写真は参考文献5）から転載

たものである。この地区では、大きく分けて4つの公共貢献を提案することで容積率を現行の670％から1,220％まで緩和することを提案した。事業概要は表3-15のとおりである。

・提案された公共貢献

公共貢献は、大きく分けて「①歌舞伎座の複合文化拠点の形成、②都市基盤施設の整備、③みどり豊かな都市空間の創出、④環境負荷提言の取組み」が提案された。このうち①の取組みでは、歌舞伎文化の拠点として約18,600㎡の劇場、約200㎡の歌舞伎ギャラリー、約750㎡の国際文化交流センター、約850㎡の歌舞伎アカデミーの整備・運営を提案した。劇場の建替えのみならず、ギャラリー、交流センター、アカデミーといった新たな機能を提案した背景には、日本の文化芸術の継承・発展・創造を担う人材の育成や裾野を拡大し、世界に向けて新たな文化を発信することで東京の文化や観光振興に寄与することを目的としたためである。これを踏まえて、ギンザカブキザでは歌舞伎の複合文化拠点の形成を図るため、歌舞伎文化の創造の場として歌舞伎専用劇場、普及の場として歌舞伎ギャラリー、交流の場として国際文化交流センター、教育の場として歌舞伎アカデミー

図3-24 歌舞伎アカデミーの取組み内容

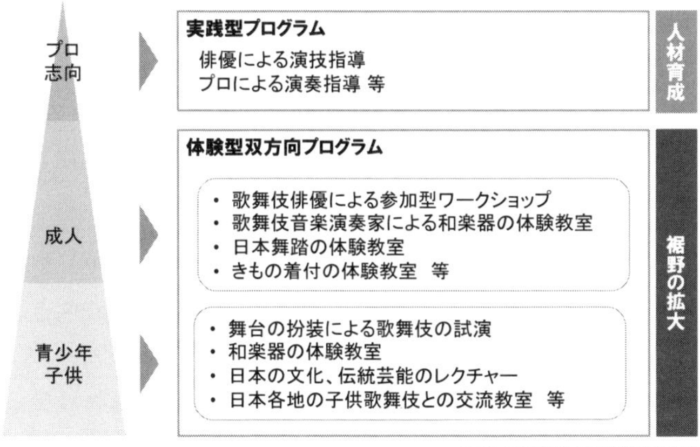

出所）東京都都市計画審議会資料を基に作成

の整備・運営を提案した。

・具体的な提案内容
　歌舞伎ギャラリーでは、修学旅行生や訪日外国人などを含めた多くの人々が気軽に公演中の歌舞伎を見学したり、演目に関する企画展を開催することを想定した。また、国際文化交流センターは歌舞伎専用劇場の屋上に設置する庭園に隣接し、歌舞伎役者を交えたセミナーや文化交流イベントを行なうことを想定した。さらに歌舞伎アカデミーでは、国内外の多様な世代が歌舞伎の文化を学ぶための体験型双方向プログラムやプロ志向の人材育成を目的とした実践型プログラムの提供を想定した。

・現在の整備・運営状況
　ギンザカブキザは2013年2月に竣工した。提案された歌舞伎座ギャラリーは、4階に約194㎡の展示空間「四階回廊 〜想い出の歌舞伎座〜」として整備され、公演で使われる衣装や道具などが企画展として常時開催されている。また、ガラス窓から劇場内部を見学できる場内観覧室も設置され、気軽に歌舞伎文化を楽しめる空間となっている。また、提案された国際文化交流センターは5階に約670㎡の歌舞伎座ギャラリーとして整備され、企画展と連動した歌舞伎役者のトークショーや三味線や小鼓といった邦楽の実演や舞台関係者によるレクチャーなどが行なわれ、歌舞伎文化の発信に努めている。また歌舞伎の衣装を来て写真撮影ができるスタジオや約450㎡の屋上庭園を眺めながら日本茶を楽しむことのできる喫茶も設置された。さらに提案された歌舞伎アカデミーは、4階の稽古場を活用したこども歌舞伎スクール寺子屋として提供され、歌舞伎子役に必要な技術を実際に歌舞伎に携わる講師陣が指導を行なっている。寺子屋では4歳から12歳までを対象とし、稽古着の着付けや礼儀作法、所作・発声・日本舞踏の基礎や演技を学んだうえで稽古の発表会が定期的に開催されている。コースは基礎・発展・前進の3種類が提供され、1回90分間のクラスが年間30回開講され、受講料は月額1.1万円からと格安で提供されている。これまで歌舞伎子役は、歌舞伎俳優の親族か児童劇団出身者によって多くを

図3−25　歌舞伎ギャラリーの活用状況

出所）松竹ホームページより転載

占めていたが、寺子屋からも歌舞伎子役として出演させることで歌舞伎人材の裾野を広げる取り組みを行なっている。

（3）地域活性化のための学生ボランティア活動を提案したワテラス

ワテラス（淡路町二丁目西部地区）は、統廃合で移転した淡路小学校跡地を中心とした淡路町二丁目西部地区第一種市街地再開発事業によって誕生した。都市再生特別地区は、この再開発準備組合から2006年12月に提案された。ワテラスでは、約1.1万㎡の敷地に延床面積約12.4万㎡(本体棟：地上40階地下3階)の住宅、オフィス、コミュニティ施設、公共施設から構成される建築物を整備したものである。この地区では、大きく分けて8つの公共貢献を提案することで容積率を現行の514％から950％までの緩和を提案した。ワテラスの事業概要は表3−16のとおりである。

・提案された公共貢献

公共貢献は、大きく分けて「①オープンスペース創出による貢献、②多世代定住人口回復による貢献、③良好な街並み景観の形成への貢献、④公園機能拡充に対する貢献、⑤地域の利便性に寄与する貢献、⑥地域コミュ

表3-16 ワテラス（淡路二丁目西部地区）における事業概要

施設概要		竣工写真
所在地	東京都千代田区神田淡路町二丁目	
用途地域	商業地域、防火地域、第二種文教地区	
主要用途	住宅、事務所、コミュニティ施設、公共施設	
事業期間	2006年〜2012年	
敷地面積	約11,050㎡	
延床面積	約123,500㎡	
建物階数	本体棟：地上40階、地下3階、165m アネックス棟：地上15階、地下4階	
事業手法	市街地再開発事業	
都市再生への貢献	✓ オープンスペース創出による貢献 ✓ 多世代定住人口回復による貢献 ✓ 良好な街並み景観の形成への貢献 ✓ 公園機能拡充に対する貢献 ✓ 地域の利便性に寄与する貢献 ✓ 地域活性化に寄与する貢献 ✓ 環境向上に資する貢献 ✓ 地域防災の向上に資する貢献	
割増容積率	436%（514%⇒950%）	

出所）東京都都市計画審議会資料を基に作成、写真は参考文献5）から転載

ニティの活性化に寄与する貢献、⑦環境向上に資する貢献、⑧地域防災の向上に資する貢献オープンスペースの創出による貢献」を提案した。

　このうち⑥の取り組みでは、地域文化交流拠点として約1,050㎡のコミュニティ施設の整備・運営と学生ボランティアを支援するための約1,050㎡・20〜30戸の学生ボランティア支援施設の整備・運営を提案した。こうした地域コミュニティの活性化に寄与する取り組みの背景には、周辺地域の人口減少や高齢化の進展や淡路小学校の統廃合による移転などにより地域コミュニティの衰退があった。これを踏まえて、当事業では地域住民や就業者、さらに学生の街「神田」に存在する学生との交流によって新たな地域コミュニティである「淡路型コミュニティ」の実現するためコミュニティ施設と学生ボランティア支援施設の整備・運営を提案した。

図3-26 学生ボランティア支援施設の仕組み

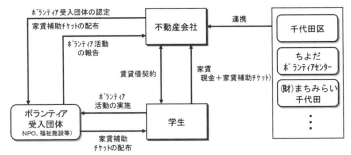

出所）東京都都市計画審議会資料を基に作成

・具体的な提案内容

　コミュニティ施設では、淡路型コミュニティの担い手である地域住民、就業者、学生が交流、学習、表現をする場として、約750㎡のステージ＆カフェ、約150㎡のギャラリー、約150㎡のホールから構成されることを想定した。またステージ＆カフェでは住民・就業者・学生グループの発表会やトークイベント、ギャラリーでは住民・就業者・学生などの作品展示、ホールでは寄席やミニシアターなどのイベントなどの活動を想定した。さらに学生ボランティア支援施設では、学生の街「神田」の特性を活かし、地域に根差したボランティア活動を支援するため、学生の居住の場を確保し、学生が地域に愛着を持って住民などとの交流を図ることを目的としている。この施設は、学生が月に一定時間以上のボランティア活動を行なうことを前提として入居する賃貸住宅である。入居者は、ボランティア活動を行なうことで、受入団体から家賃補助チケットを受領し、現金と家賃補助チケットによって賃料を支払う仕組みとなっており、具体的な仕組みは図3-26のとおりである。

・現在の整備・運営状況

　ワテラスは2013年3月に竣工した。提案されたコミュニティ施設は「ワテラスコモン」として本体棟1階にサロン、2階にギャラリー・ライブラ

図3－27　ワテラススチューデントハウスの活用状況

出所）淡路エリアマネジメントホームページから転載

リー、3階にホールとカフェラウンジが整備された。1階のサロン（82㎡）は屋外広場と一体となったイベントスペースで様々な地域交流イベントや講座が開催できるスペースとなっている。2階のギャラリー・ライブラリー（87㎡）は大型デスクにもなる展示台が設置されたギャラリーであり、大型アートを吊るすことのできるバトンも用意されている。3階のホール（163㎡）はシアター形式162名が収容可能となっており、250インチの大型スクリーンや最新の音響設備を備えており、多様なイベントに対応可能な多目的ホールとなっている。これらの施設の運営は当事業を契機として設立された淡路エリアマネジメントが中心となっており、ミニシアター、マルシェ、トークショー、料理教室、まちづくりコンペなど様々なイベントを関係機関の協力を得て開催している。

　一方、学生ボランティア支援施設は、「ワテラススチューデントハウス」としてアネックス棟14階と15階に36戸整備された。ワテラススチューデントハウスは、20㎡のワンルームで敷金10万円、月額賃料7.5万円（管理費込）に設定された。入居条件は、契約時点で18歳から25歳の学生であり、

地域活動への参加が義務付けられている。対象となる地域活動は、地元の祭り（神田祭、太田姫祭）、千代田区主催運動会、町会主催の年末夜警のうち何れかの参加が義務づけられており、さらに季節イベントの企画・運営、地域情報誌の製作・配布、クリーンアップ・ガーデニング・マルシェなどの活動支援などをポイント制にして年間12ポイント以上に達しないと契約延長ができない仕組みとなっている。2012年に募集を開始し、69名の応募があり、現在まで満室の状態が続いている。このワテラススチューデントハウスは、ワテラスコモンでの大部分のイベント活動に関与しており、地域コミュニティの活性化に大きな役割を果たしている。

（4）地域の環境負荷低減活動を提案した東京スクエアガーデン

東京スクエアガーデン（京橋三丁目1地区）は、片倉工業の旧本社ビルと近隣ビルとの共同建替事業によって誕生した。都市再生特別地区は、この事業を推進するために設立された京橋開発特定目的会社（片倉工業、清水建設、第一生命保険など6社が出資）から2009年10月に提案された。東京スクエアガーデンでは、約8,130㎡の敷地に延床面積約11.6万㎡（地上24階地下3階）のオフィス、商業施設、交流施設、医療施設、子育て支援施設から構成される建築物を整備した。この地区では、大きく分けて4つの公共貢献を提案することで容積率を現行の760％から1,290％までの緩和を提案した。事業概要は表3－17のとおりである。

・提案された公共貢献

公共貢献は、大きく分けて「①都市における多面的な環境対策の取り組み、②京橋駅前の都市基盤施設の整備、③国際金融機能の強化に向けた生活支援、④快適で安全な街づくりの推進」を提案した。

このうち①の取り組みでは、「グリーンロード・ネットワークの形成に資する京橋の丘の整備、幅広く環境改善に取り組む『（仮称）京橋環境ステーション』の整備・運営、CO_2削減モデルビルの整備」が提案された。この提案の背景には、2006年12月に公表された東京都の「10年後の東京」や2007年6月に策定された「カーボンマイナス東京10年プロジェクト基本

表3−17 東京スクエアガーデンにおける事業概要

施設概要		竣工写真
所在地	東京都中央区京橋三丁目1番地他	
用途地域	商業地域	
主要用途	事務所、店舗、交流施設、医療施設、子育て支援施設	
事業期間	2010年秋〜2013年春	
敷地面積	約8,130㎡	
延床面積	約116,000㎡	
建物階数	地上24階、地下3階、130m	
都市再生への貢献	✔ 都市における多面的な環境対策の取り組み ✔ 京橋駅前の都市基盤施設の整備 ✔ 国際金融機能の強化に向けた生活支援 ✔ 快適で安全な街づくりの推進	
割増容積率	530%（760%⇒1,290%）	

出所）東京都都市計画審議会資料を基に作成、写真は参考文献5）から転載

方針」において、大企業にとどまらず中小企業においてもCO_2排出量の削減を推進することが明記されたことが大きく影響している。これを踏まえて東京スクエアガーデンでは、中小規模の事業所が集積する地区特性を考慮し、中小規模事業所と一体となった環境対策の取組みを行なうことを提案した。この取組みを推進するため東京スクエアガーデンでは、京橋環境ステーションを整備・運営し、「環境知識の普及、最先端の環境技術の展示・公開、エリアエネルギーマネジメントの実施」の活動を展開することを想定した。

・具体的な提案内容

　京橋環境ステーションでは、3つの取り組みを行なうことを提案している。第一に子供から高齢者までの幅広い一般市民を対象にした自治体の環境施策を紹介するコーナーやNPO・市民団体と連携した環境関連のセミナーやイベントを企画する「環境知識の普及」、第二に一般市民や企業の技術者・大学等研究者を対象にした最先端の環境技術や共同研究や成果の

発表を行なう「最先端の環境技術の展示・公開」、第三に中小規模事象所の所有者やテナントを対象にした事業所のCO_2削減のための取り組みを支援する「エリアエネルギーマネジメントの実施」である。なかでもエリアエネルギーマネジメントは、京橋三丁目地区内の対象事業所において計測機器を設置し、エネルギー使用データを収集・分析して既存建物の診断を行なうことを想定した。さらに分析結果に基づき、各建物の築年数や所有者の意向に合わせて運用改善提案や設備更新提案を展開することを想定している。

運営体制としては、より効果的な運営を行なうため、民間事業者、町会役員、協力主体、東京都、中央区から構成される「(仮称) 京橋環境ステーション運営協議会」を設立し、図3－28に示したような各種の活動を展開することを想定した。

・現在の整備・運営状況

東京スクエアガーデンは2013年3月に竣工した。提案された京橋環境ステーションは6階に整備され、最先端の環境技術を展示するエコテクカン、産学官が連携して環境対策の推進を行なうエリアエネルギーマネジメントセンター、中央区立環境情報センターによって構成されている。エコテクカンでは、エネルギー・水・モビリティ分野の取り組みを紹介する日

図3－28　京橋環境ステーションの運営体制

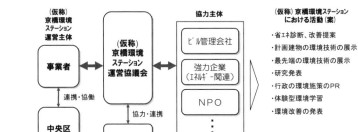

出所）東京都都市計画審議会資料から作成

図3-29　京橋環境ステーションの活用状況

出所）筆者撮影

立製作所、ゼロエネルギービルを目指した省エネ技術や植物工場の最新栽培技術を紹介する朝日工業社、体感型の最新空調技術を紹介する高砂熱学工業など9社が出展している。またエリアエネルギーマネジメントセンターでは、中小既築建築物省エネ化フォーラムが主体となって周辺の中小規模民間事業者に対しての省エネ・省CO_2対策の相談に応じている。このフォーラムには、東京電力、パナソニック、日建設計、日本設計などが参加しており、最終的に地域エネルギーシステムの構築を目指している。

(5) 皇居外苑濠の水質改善を提案した大手町ホトリア

　大手町ホトリア（大手町一丁目1地区）は、りそな・マルハビルと三菱UFJ銀行大手町ビルを一体的に建替える事業によるものである。都市再生特別地区は、この事業主体である三菱地所とJXホールディングスから2012年1月に提案された。この事業では、約1.6万㎡の敷地に延床面積約25.5万㎡（A棟：地上22階地下5階、B棟：地上29階地下5階）のオフィス、商業施設、サービスアパートメント、交流施設から構成される建築物を整備するものである。この地区では、大きく分けて3つの公共貢献を提案することで容積率を現行の1,300％から1,400％まで緩和することを提案した。事業概要は表3-18のとおりである。

・提案された公共貢献

　公共貢献は、大きく分けて「①国際的なビジネスセンターの機能強化に向けた業務支援施設の整備、②皇居外苑濠の水質改善など良好な都市環境

表3-18 大手町ホトリアにおける事業概要

施設概要		竣工写真
所在地	東京都千代田区大手町一丁目1番	
用途地域	商業地域	
主要用途	オフィス、店舗、サービスアパートメント、交流施設	
事業期間	2013年～2016年	
敷地面積	約9,700㎡	
延床面積	約255,000㎡	
建物階数	A棟：地上22階、地下5階、115m B棟：地上29階、地下5階、150m	
都市再生への貢献	✓ 国際的なビジネスセンターの機能強化に向けた業務支援施設の整備 ✓ 皇居外苑濠の水質改善など良好な都市環境の再構築 ✓ 高度防災都市づくりに向けた取組みと歩行者ネットワークの整備	
割増容積率	100%（1,300%⇒1,400%）	

出所）東京都都市計画審議会資料を基に作成、竣工イメージ図は三菱地所のプレリリースから転載

の再構築、③高度防災都市づくりに向けた取組みと歩行者ネットワークの整備」が提案された。①の取組みでは、外国人ビジネスパーソンが中長期の滞在に対応できる約120室のサービスアパートメントを整備することを提案した。また②の取組みでは、皇居外苑濠の水質改善を行なうために敷地地下に浄化・貯留施設を整備し、1階の皇居外苑を一望する場所にビジネス・エコシティ・センターを整備してその意義や効果を幅広く情報発信することを提案した。この背景には、皇居外苑濠の水質悪化がある。皇居外苑濠は、年間を通して数多くの観光客が訪れる東京の重要な観光資源であるにも関わらず、慢性的な水不足などを原因とした水質悪化や、夏期のアオコの大量発生による臭気発生などの問題が生じていた。この問題を解決するため、環境省は2009年に皇居外苑濠管理方針検討会を設置し、皇居外苑濠管理方針と皇居外苑水質改善計画を策定した。この方針では浄化施設の新増設や雨水活用などによる濠水の水量確保が対策として掲げられた。これを踏まえて、大手町ホトリアでは官民連携による外苑濠の水質改善に向けたプロトタイプとなる取組みを提案するに至ったのである。

・具体的な提案内容

　皇居外苑濠には、1997年に環境省によって日比谷濠に一日最大2万㎥の処理能力を有する浄化施設が設置されていたが、近年浄化設備の処理能力が低下していた。この問題に対応するため大手町ホトリアに新たに設置される浄化・貯留施設は、一日最大1,400㎥の処理能力を有し、さらに雨水や外苑濠から取水した水を蓄える25mプール約6杯分となる3,000㎥の貯留槽を設置する想定である。これにより、濠水の懸濁物質を90％以上除去し、さらに濠水の水位低下時には水を補給することで濠水の水質改善を図ることを目指している。また、こうした次世代の環境技術・システムの情報収集や効果検証、さらに情報発信を行なうための約700㎡のビジネス・エコシティ・センターを1階に整備・運営することを想定している。このセンターでは、環境技術・システムの情報収集やモデルオフィスでの展開を通じた効果検証を行なうラボラトリー機能、大手町ホトリアや地区全体の最先端の取組みを可視化・情報発信するショーケース機能、国内外の来訪者や就業者などの交流・啓発を目的とした環境関連のオープンスクールやセミナーを開催する交流・啓発機能を有している。大手町ホトリアは2017年1月に竣工予定であり、現在工事が進められている。

　以上の事例のように、東京都心では都市再生特別地区を活用するために、地域における固有の課題を解決するための非常にユニークな公共貢献が民間事業者によって多数創出されているのである。

図3-30　浄化・貯留施設のイメージ図

出所）三菱地所のプレリリースより転載

第4章

都市再生の影：不透明な規制緩和の手続き

4-1 事前相談によって全てが決定される都市再生特別地区

(1) 提案前に事前相談を求めている自治体の運用方針

　都市再生緊急整備地域を有する自治体では、どのように都市再生特別地区を決定しているのであろうか。都市再生特別地区が指定されている13自治体のうち、東京都、名古屋市、広島市、札幌市、仙台市、浜松市、横浜市、神戸市では、都市再生特別地区の指定にあたっての運用手続きを要綱や要領などで明文化している。このうち最も早期に運用手続きを明文化したのが東京都である。東京都では、都市再生緊急整備地域の第1次指定が行なわれた2002年7月の4ヶ月後となる12月に「東京都における都市再生特別地区の運用について」という運用手続きを公表した。この運用手続きの流れを示したのが図4-1である。

　運用手続きによれば、都市再生特別地区の活用を希望する民間事業者は、正式提案する前に東京都職員との事前相談を行なうこととされている。この事前相談は、運用手続きを明文化している他の自治体でも一般的に行なわれているものである。民間事業者は、この事前相談において公共貢献や規制緩和の必要性や妥当性を示す説明資料を提出し、東京都職員と6ヶ月

図4-1　東京都における都市再生特別地区の指定手続き

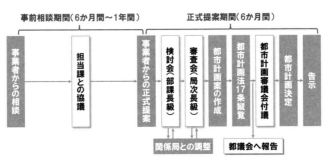

出所）東京都職員ヒアリングを基に作成

から1年間にわたる協議を行なっている。正式提案後は、東京都都市整備局に設置された都市再生特別地区検討会（提案された案件ごとに評価項目、評価方針などを検討調整する部課長級の会合）および審査会（検討会の結果を踏まえ都市計画決定・変更の必要性を判断する局次長級の会合）によって審査が行なわれる。この場において、都市再生特別地区を指定する必要があるか否かが事前に審査されているのである。第2章で説明したように、都市再生特別地区の指定は都市計画審議会の場において様々な関係主体が参加して議論を行なうことが想定されていた。しかし、東京都では都市計画審議会を開催する前に東京都職員のみから構成される審査会において事前に審査を行なっている。この審査を通過した後、不動産開発が行なわれる区への意見聴取を経て2週間の縦覧（住民などが都市計画案を閲覧したり意見書を提出すること）が行なわれる。そして、これらの結果が東京都議会都市整備委員会（都議会議員から構成）に報告された後、ようやく東京都都市計画審議会（学識経験者、東京都職員、区市町村長、都議会議員から構成）に付議され、都市計画決定の有無が判断される手続きとなっている。

　審査会において都市計画決定の必要性を判断する根拠には、「上位計画との適合、環境への配慮、都市基盤との調和、都市再生への貢献、容積率の限度等の設定、用途の取扱い、都市計画決定事項以外の取扱い」が定められている。このうち、容積率の限度等の設定では、提案された容積率や高さの限度が公共貢献にふさわしい適切なものとなっているかを確認するものである。事前相談では、こうした審査会において都市計画決定が必要であるとの判断を得るために、民間事業者と東京都職員が公共貢献の内容や規制緩和の範囲について長期間にわたって協議を行なっているのである。そのため、東京都では事前相談を経て正式提案された案件のうち、都市計画決定に至らなかったものは存在しない。これは、公共貢献の評価や規制緩和の設定が全て事前相談の場において決定されているといえる。

（2）第三者に開示されない事前相談の過程

　それでは、この事前相談はどのように行なわれているのであろうか。東

表4-1 事前相談の記録の作成状況

	事前相談の記録	
	要綱要領の記載	運用実態
東京都	記録を作成する	都市計画決定後に処分
名古屋市	記載なし	作成していない
広島市	作成を務める	作成していない
札幌市	記載なし	作成していない
仙台市	作成し保管する	作成していない
浜松市	作成する	作成していない
横浜市	記載なし	作成していない

出所）各自治体職員ヒアリング調査を基に作成

京都では、公共貢献の評価や規制緩和の設定に関する透明性、公平性、公正性を確保するために、民間事業者などとの打合わせ記録を作成することを運用手続きで明記している。しかし、東京都職員によれば、この事前相談の記録は文書保存期間が1年未満に設定されており、都市計画決定後に処分されている。そのため、第三者が事前相談の内容を把握しようとしても、その打ち合わせ記録を閲覧することは不可能である。こうした事前相談の密室的な運用は東京都のみならず、運用手続きを有する他の自治体においても同様である。各自治体職員によれば、東京都と同様に事前相談の記録作成を運用手続きに明記している広島市、仙台市、浜松市では記録を作成しておらず、記録作成を運用手続きに明記していない名古屋市、札幌市、横浜市も記録は作成していない。

こうした事前相談の記録は、都市計画審議会に提出される資料にも記載されておらず、東京都職員がどのように公共貢献を評価し、規制緩和を設定したのかを把握するのはできない状況となっている。そのため、都市計画審議会の委員からは、数多くの不満が出ている。

例えば、2006年2月に開催された都市計画審議会では、モード学園コクーンタワー（西新宿一丁目7地区）を都市再生特別地区に指定するか否かの審議が行なわれ、委員から「容積率1,370％、高さ制限210mにした根拠は何か」という質問がなされた。それに対して事務局である東京都職

員は「一律の基準によらずに公共貢献の度合に応じて総合的に判断して容積率を設定している」と回答し、明確な根拠を明らかにしなかった。そのため、この委員は「規制緩和の根拠が不自然で都民に説明できないのでは

表4−2　都市計画審議会における公共貢献の評価と規制緩和の設定に関する質疑応答（下線は筆者による）

地区名	発言者	発言内容
西新宿一丁目7地区 2006年2月10日開催	委員	この建物の容積率1,370、高さ制限210メートルにしておりますけれども、この根拠は何ですか。
	事務局	先ほどもご説明の中で申し上げましたけれども、この計画につきましては、まず都市再生特別地区につきましては、民間事業者の創意工夫を引き出すために、民間事業者からの提案によることを基本としておりまして、<u>審査におきましても、一律の基準によらずに都市再生の貢献の度合に応じて総合的に判断して容積率を設定するということとしております</u>。今回の計画では、地下、地上、デッキの各レベルにおけます歩行者ネットワークの形成、広場など空地の整備、また、一般にも開放されたホールを中心とする文化交流施設の整備などを都市再生への貢献という観点から総合的に評価したものでございまして、1,370%の提案は妥当なものというふうに判断したものでございます。
	委員	（前略）目で見たって、この建てようとしている敷地、ここに容積を、このセンタービルや三井ビルやこの都庁よりも容積率を緩和している。それは今言った緑化だとか、デッキだとか、2つの600と450ですか、そのホールを、これは文化施設だからとか、そういう貢献があるからということを挙げていますけれども、<u>余りにもちょっと不自然というか、その根拠というものが、私は都民にというか、示せないのではないかというふうに思えてならないです</u>。（後略）
大手町一丁目6地区 2007年7月27日開催	委員	（前略）まず最初に伺うことは、この大手町一丁目6地区では、容積率を1,300から1,600へと300%アップしています。<u>その評価の内訳はどうなっているんでしょうか</u>。
	事務局	当該地区は、指定容積率1,300%でございまして、地区計画により、1,000%を超える場合は一定の育成用途を導入することなどが条件となっております。今回の計画では、大手町の森の整備、東西線コンコースの拡幅や地下通路、広場の整備、地域に必要なホテル機能の導入などの貢献を行なうこととしております。こうした<u>都市再生貢献を総合的に評価し、1,600%は妥当であると判断したものでございます</u>。
	委員	今、いろいろ聞いていても、<u>結論的には総合的に評価してという言葉で、妥当なものという判断だというんですけれども、なぜ大手町のほうが300%で、日本橋のほうがプラス540%かという、その物差しというか、評価の基準が、この2件じゃなくて、今までも特区提案出された中で、やっぱりなかなかはっきりしてないんですね</u>。（後略）

4章　都市再生の影：不透明な規制緩和の手続き

地区名	発言者	発言内容
銀座四丁目6地区 2008年2月7日開催	委員	今、答弁がありましたように、容積率をそれぞれの地域において、やっぱり400％以上増やしているんですよね。アップされている。その評価の根拠は何でしょうか。
	事務局	この容積の割り増しということでございますけれども、銀座地区におきましては、国際的な商業区域の形成を図るという、この地域の整備方針に即したプロジェクトであること、機能更新型高度利用地区が設定、今、指定されてございますが、その条件にも適合していると、こういうことを前提といたしまして、有効空地等の整備、託児スペースなどの導入機能のほか、敷地外の区道や地下空間の整備につきまして、他の開発諸制度における評価も踏まえながら、総合的な評価を行なっているものでございます。(後略)
	委員	結局、個々、じゃあ、この部分で何％というのは出ないんですよね。そういうような積み上げというか積算じゃない。だから、だれにもわかる物差しというか、公正な基準などがなくて、いつも総合的な判断をして、評価して、こういう結果になったと。結局は、今まで民間事業者の提案、これを変えさせるとかいうことをさせるということがないんですよね。提案どおり、いつもこういう大幅な容積率の緩和といいますか、アップを認めているのが現状じゃないかと思います。これではだめだと思います。(後略)

出所) 東京都都市計画審議会議事録を基に作成

ないか」と問題点を指摘している。また、2007年7月に開催された都市計画審議会では、大手町タワー(大手町1丁目6地区)が審議された。委員から「540％容積率を緩和する評価の内訳などうなっているのか」という質問が行なわれたが、事務局は「公共貢献を総合的に評価して妥当であると判断した」と前述と同様の回答をした。ここでも委員から「これまでの都市再生特別地区でもそうであったが評価の基準がはっきりしていない」と発言し、東京都の都市再生特別地区の運用に対して不満をあらわにした。こうした質疑は、他の都市再生特別地区の審議においても行なわれている。このように都市計画審議会では、公共貢献の評価や規制緩和の設定に関する実質的な審議は行なわれておらず、民間事業者と東京都職員による事前相談や東京都職員のみで行なわれる検討会や審査会の結果を追認するだけの機関に成り下がってしまっているといえる。これは都市再生特別地区を検討していた段階で想定していた運用イメージと大きく異なっているといえる。

4-2 民間事業者と自治体職員との事前相談の実態

(1) 大崎ウエストシティタワーズにおける事前相談の経緯

　前述のとおり、東京都では事前相談の記録は文書保存期間が一年未満に設定されており、かつ都市計画決定後に処分されているため、第三者によって事前相談の過程を明らかにすることは困難である。そこで都市再生特別地区の事前相談に民間事業者として参加した経緯を記した文献を参考に大崎ウエストシティタワーズ（大崎駅西口A地区）における事前相談の実態を明らかにする。

　大崎ウエストシティタワーズは、京浜工業地帯の一角として大規模な工場や研究所が位置し、その後背地に小規模な店舗や木造住宅が密集していた大崎駅周辺の再開発事業として誕生した。当地域では1983年の東京都長期計画において大崎駅周辺が副都心に指定されたことで再開発の機運が高まり、1994年に大崎駅西口中地区第一種市街地再開発準備組合が設立された。当初は再開発地区計画の活用を想定していたため、2002年の市街地再開発事業の都市計画決定と同時に再開発地区計画が決定され、指定容積率が300％から560％まで緩和された。この段階ではオフィスを中心とした事業計画であったが、オフィスの大量供給による需給環境の悪化（いわゆる「2003年問題」）の影響を受けて、地権者とともに参加する民間事業者が決まらずに事業が進捗しない状態にあった。そこで事業計画を住宅中心に変更し、さらに民間事業者によって自由度の高い提案が可能な都市再生特別地区を活用することを検討した。

　再開発準備組合では、2004年10月に東京都へ都市再生特別地区の正式提案を行なった。新たな事業計画では、約1.4万㎡の敷地に延床面積約12.9万㎡の住宅、商業施設、オフィスから構成される建築物を整備することとした。この提案では、地区にふさわしい施設整備として「良質なストックとなる都市型集合住宅の供給（約1,120戸）、敷地面積30％を目標とした緑化」、地域に求められる機能導入として「約850㎡の文化・コミュニティ施設や認証保育所、利便施設などの確保を行なう約1,000㎡のアプ

表4－3　大崎ウエストシティタワーズの事業概要

施設概要		竣工写真
所在地	東京都品川区大崎二丁目	
用途地域	準工業地域、近隣商業地域、防火地域、再開発等促進区を定める地区計画	
主要用途	住宅、店舗、事務所、公共公益施設	
事業期間	1991年1月～2009年9月	
敷地面積	約14,289㎡	
延床面積	約129,093㎡	
建物階数	住宅棟：地上39階、地下2階、129m	
事業手法	市街地再開発事業	
都市再生への貢献	✔ 地区にふさわしい施設整備 ✔ 地域に求められる機能導入 ✔ 都市基盤施設の整備	
割増容積率	300％（300％⇒650％）	

出所）東京都都市計画審議会資料を基に作成、竣工写真は清水建設ホームページより転載

リケーションラボ（情報発信・展示・交流機能を有する研究施設）」、都市基盤施設の整備として「歩行者通路の増加、広場状空地の増加、歩行者デッキや交差点改良の関連施設」を提示し、指定容積率300％から650％まで緩和することを提案した。事業概要は表4－3のとおりである。

　事前相談では公共貢献の評価と規制緩和の設定を検討するため、公共貢献の各項目が容積率で評価された。その結果が図4－2である。これをみると、広場や歩行者デッキなどの都市基盤施設の整備は100％、文化・コミュニティ施設や認証保育所などの地域に求められる機能導入は13％、地区にふさわしい施設整備である都市型集合住宅の供給は650％、街並み景観の形成は58％、環境負荷の低減は10％と評価され、合計831％の割増容積率となった。その結果、容積率の最高限度は割増容積率を指定容積率の300％に加えて1,131％と評価されたが、最終的に東京都職員が周辺市街地に与える影響、150mの航空法による高さ制限、事業成立性の観点などを考慮した上で容積率の最高限度は650％とされた。

　この事前相談の過程をみると、東京都における都市再生特別地区の運用には3つの特徴が存在する。第一に「これまでの特例制度と同様の手法に

図4-2　公共貢献の評価結果と規制緩和の設定根拠

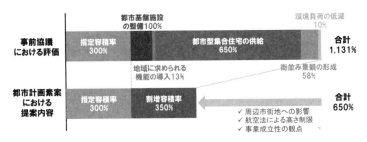

出所）三浦眞（2011）を基に作成

よる公共貢献の評価」である。事前相談では、それぞれの公共貢献を容積率で評価し、指定容積率に積み上げて容積率の最高限度を設定していた。これは、これまでの特例制度と全く同様の手法を採用している。第2章でも説明したとおり、都市再生特別地区はこれまでの特例制度の問題点であった積上型の運用からの脱却を一つの目的としていた。しかし、東京都では依然としてこれまでの特例制度と同様の手法を用いているのである。この理由として、不動産開発に長年携わってきた東京都職員によれば、先行者利益を防ぎ優良な不動産開発を多数創出する意図があったからであるとしている。第2章でもみたように、東京都では都市再生緊急整備地域指定後の民間事業者へのアンケートにおいて、32のプロジェクトのうち半数が都市再生特別地区の活用を検討していた。そのため、容積率の最高限度を無制限に設定することが可能となった場合、事業の優良性とは無関係に規制緩和の恩恵を享受することが可能となり、不動産開発の低質化と建築床面積の大量供給が発生する恐れがあった。これを未然に防ぐためにも、東京都ではこれまでの特例制度による運用を踏襲し、都市再生特別地区においても公共貢献を容積率で評価して、それに見合った割増容積率を設定するという仕組みを導入していると考えられる。

　第二の特徴として挙げられるのが「これまでの特例制度よりも大きな容積率評価」である。大崎ウエストシティタワーズにおける公共貢献の評価を床面積に換算した結果が表4-4である。これをみると、都市機能分野

表4-4 公共貢献に対する割増容積率の床面積換算

分野	公共貢献			規制緩和	
	提案内容	貢献床面積		容積率	床面積
都市機能	都市型住宅	約92,500㎡（後に72,500㎡に変更）		650%	約92,950㎡
広場通路	地区幹線道路	約780㎡	約3,000㎡	100%	約14,300㎡
	区画道路	約720㎡			
	歩行者通路	約640㎡			
	広場状空地	約870㎡			
地域貢献	文化・コミュニティ施設、認証保育所、利便施設	約850㎡	約1,850㎡	13%	約1,860㎡
	アプリケーションラボ	約1,000㎡			

出所）東京都都市計画審議会資料及び三浦（2011）を基に作成

である都市型集合住宅の供給は約92,950㎡、地域貢献分野である地域に求められる機能の導入は約1,860㎡となった。これは、各施設が必要とする床面積を満たすことから、この2つの公共貢献は必要とする床面積と同程度と評価されたといえる。一方、広場通路分野である都市基盤施設に対する評価は、床面積に換算して14,300㎡の評価であったが、これは整備する都市基盤施設として提示された約780㎡の地区幹線道路、約720㎡の区画道路、約640㎡の歩行者通路、約870㎡の広場状空地を合計した約3,000㎡の5倍程度に相当する。このように大崎ウエストシティタワーズでは、都市機能分野や地域貢献分野は必要とする床面積分、広場・通路分野は提供された敷地面積の5倍程度の床面積分で評価されたと考えられる。これは、これまでの特例制度よりも大幅に評価されているといえる。例えば、再開発地区計画の場合、地域貢献施設は必要とする床面積の50％分のみしか割増容積率として認められない。また、空地によって100％の割増容積率を得るためには、敷地面積の60％（当地区の敷地では約8,400㎡に相当）を空地として確保する必要がある。このことから、都市再生特別地区の公共貢献は、これまでの特例制度よりも大幅に評価されているといえる。

　第三の特徴として挙げられるのが「諸条件を踏まえた上での容積率の最

高限度の決定」である。大崎ウエストシティタワーズでは公共貢献を容積率で評価した結果、容積率の最高限度が指定容積率の4倍弱となった。しかし、「周辺市街地への影響、他法令の制約、事業の収益性」の観点から、容積率の最高限度は指定容積率の2倍強に引き下げられた。このように最終的には東京都職員のみによる総合的な判断によって割増容積率が決定され、外部の有識者や実務者などの関与はみられない。これは他の地区においても同様である。そのため、不動産開発の関係者によれば、民間事業者の希望する割増容積率を認める代わりに別の地域における不動産開発での公共貢献の追加を求められたり、東京都職員が一方的に容積率の最高限度の上限値を提示するなどの運用が行なわれる場合もあると言われている。また、事前相談を行なわないで正式提案を行なおうとする民間事業者に対しては、提案の受け取りを拒むなど極めて恣意的で裁量性の高い運用が行なわれており、こうした特例制度の乱用を防ぐためにも第三者による関与が必要と考える。

(2) グランフロント大阪における事前相談の実態

それでは、都市再生特別地区を東京都に次いで数多く指定している大阪市では、どのような運用を行なっているのであろうか。大阪市では、都市再生特別地区の運用にあたって要綱や要領などは定めていない。これは、大阪市が民間事業者からの都市再生特別地区の活用に関する相談を受けて、

図4-3 大阪市における都市再生特別地区の指定手続き

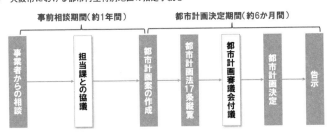

出所) 大阪市職員ヒアリングを基に作成

自ら都市計画素案を作成して都市計画審議会に提出しているからである。大阪市職員によれば、これは民間事業者の提案に要する負担を抑制し、提案内容の履行を確実にするためにこのような手続きを採用している。民間事業者と大阪市との事前相談の過程は、指定手続きの透明性を確保するため、大阪市都市計画審議会において参考資料として提出されており、提案内容である公共貢献がどのように評価され、規制緩和が設定されたのかを把握することができるようになっており、東京都などと比較しても透明性の高い運用を行なっているといえる。大阪市の運用手続きの流れを示したのが図4－3である。

　大阪市においても、公共貢献の評価や規制緩和の設定に関する協議は事前相談において行なわれており、都市計画審議会に提出された案件はこれまで全て採択されている。この事前相談の過程を記録した資料を用いて、大阪最後の一等地と呼ばれた大阪駅北口の梅田北ヤードを再開発したグランドフロント大阪の事前協議の経緯を明らかにする。

　グランドフロント大阪（大阪駅北地区）は、JR大阪駅北側に位置する梅田貨物駅を中心とするコンテナヤード跡地のうち、先行開発区域として2006年5月と11月の2回にわたって民間事業者に落札された区域を再開発して誕生した。落札した民間事業者は、初めに公共貢献として「ナレッジ・キャピタル機能（研究開発施設、インキュベーション施設、コラボレーションオフィス、コンベンション・カンファレンス施設など）の導入、歩行者ネットワークやオープンスペースの整備、屋上庭園などの都市環境の向上に向けた取り組み」を提案し、655％の指定容積率に335％の割増容積率を求めた。事業概要は表4－5のとおりである。

　大阪駅北地区の事業相談の協議過程を整理したのが表4－6である。その後、土地の引き渡しが行なわれた2007年5月に大阪市と民間事業者との第1回の協議が行なわれた。この第1回の協議では、新たな公共貢献として「ナレッジ・キャピタルの連携強化を図るために建物低層部を一体化、分譲住宅棟を北側に独立配置」を提案し、落札時の提案を大きく上回る750％の割増容積率を求めた。これに対して大阪市は、建物配置の変更は妥当であると判断したが、「ナレッジ・キャピタル機能の拡充、歩行者

表 4 − 5　グランドフロント大阪における事業概要

施設概要		竣工写真
所 在 地	大阪市北区大深町	
用途地域	商業地域	
主要用途	事務所、店舗、住宅、宿泊施設	
事業期間	2010年3月〜2013年4月	
敷地面積	約242,117㎡	
延床面積	約556,700㎡	
建物階数	南館：地上38階、地下1階、179.5m 北館B：地上38階、地下3階、175m 北館C：地上33階、地下3階、154m 住宅：地上48階、地下1階、174m	
都市再生 への貢献	✓ ナレッジ・キャピタル機能の導入 ✓ 歩行者ネットワークの整備 ✓ 公共的空間の整備 ✓ 都市環境の整備	
割増容積率	620％（655％⇒1,275％）	

出所）大阪市都市計画審議会資料を基に作成、写真は参考文献 5）から転載

デッキの整備、建物の建て詰まり感の解消」が必要であることから継続協議とした。2007年8月に行なわれた第2回の協議では、新たな公共貢献として、「ナレッジ・キャピタル機能の拡充（全延床面積に占める割合14％⇒17％）、阪急梅田駅方面とを結ぶ歩行者デッキの整備と維持管理、屋上庭園の充実、高層棟の断面縮小による建て詰まり感の改善」を提案し、670％の割増容積率を求めた。これに対して大阪市は基本的な公共貢献は妥当であると判断したが、割増容積率に関しては引き続き継続協議とした。2007年12月に行なわれた第3回の協議では、新たな公共貢献として北東部にオープンスペースの確保を提案し、民間事業者は620％の割増容積率を求めた。これに対して大阪市は、新たな公共貢献が追加され、それに見合った割増容積率であると判断し、都市計画素案を作成するに至っている。

　この協議過程には、2つの疑問点が残る。第一に、落札時に民間事業者は335％の割増容積率を要望していたのに、半年後の第1回協議ではなぜ2倍以上となる750％まで要望を拡大したのか。第二に民間事業者は第2回協議および第3回協議において公共貢献の追加を行なったが、それは

表4－6　グランドフロント大阪における事前相談の協議過程

時　期	民間事業者提案		大阪市の対応
	公共貢献	規制緩和	
民間事業者決定時 2006年11月	①都市機能 ・ナレッジ・キャピタル機能及び支援機能導入 ②歩行者ネットワーク ・都市回廊・創造の道の歩行者ネットワーク整備 ③公共的空間 ・自然軸・ナレッジプラザのオープンスペース整備 ④都市環境 ・屋上庭園等の都市環境の向上	割増容積率 335%	
第1回協議 2007年5月	・分譲住宅を他建物から分離 ・建物低層部の一体化	割増容積率 750%	・ナレッジ・キャピタル機能の一層の拡充 ・阪急梅田駅方面とを結ぶ歩行者デッキの整備 ・建物の建て詰まり感等の課題解消
第2回協議 2007年8月	・ナレッジ・キャピタルの機能拡充（全体面積のうち14⇒17%） ・ナレッジ・キャピタル機能にはインキュベーションサポート機能を備えたナレッジオフィスや多目的に使用するシアター、ナレッジプラザに面した交流空間であるナレッジリングを新設 ・阪急梅田駅方面への歩行者デッキを整備・運営 ・屋上庭園の充実 ・高層棟の断面縮小による建詰まり感の改善	割増容積率 670%	・基本的な公共貢献が固まったことから地区計画原案の策定 ・容積率については継続協議
第3回協議 2007年12月	・地区北東部に自然軸とつながるオープンスペースの確保	割増容積率 620%	公共貢献に見合った割増容積率であると判断

出所）大阪市都市計画審議会資料を基に作成

335％の割増容積率を最終的に620％まで増加させるのに果たして見合ったものであったのか。これらの疑問点を紐解く鍵には、大阪市の不動産市場の急激な変化が大きく影響していたと考えられる。先行開発区域の入札は、2006年2月に民間事業者募集が開始され、2008年2月に都市計画決定に至っており着工まで約2年間を要した。民間事業者が募集された2006年は、J-REITや私募ファンドといった新たな不動産取得主体が急成長している時期でもあり、地方都市への不動産投資額が東京都よりも上回った時期でもあった。そのため大阪市でも、不動産売買件数が対前年比7割増加となり、オフィスの空室率や平均賃料も改善傾向に転じた。しかし、土地の引き渡しを受けて協議を開始した2007年になると、大阪市のオフィスの空室率や平均賃料の改善傾向は緩やかとなり、先行きが不安定となってきた。そのため民間事業者は、募集時に提案した割増容積率の不動産価値が減少したこと受けて、事業採算性を確保するために割増容積率を増加させなければならない状況にあったと類推できる。そのため、収益性を悪化させる公共貢献はなるべく避けるために「建物配置の変更、ナレッジ・キャピタル機能の拡充（全延床面積の約14%⇒17%）、阪急梅田駅方面への歩行者デッキの整備・維持、屋上庭園の充実、高層棟の断面縮小による建て詰まり感の解消」といった追加に抑えたと類推できる。こうした割増容積率の不動産価値を適切に判断し、公共貢献の見直しを要望するには大阪市職員のみでは困難であり、不動産市場や不動産開発に熟知した有識者や実務家の協力が必要不可欠であると考えられる。

4-3 困難である公共貢献の評価や管理

(1) 公共貢献が実現しなかった大崎ウエストシティタワーズ

それでは、民間事業者によって提案された公共貢献は、全て提案どおりに整備・運営されているのであろうか。前述で説明した大崎ウエストシティタワーズは2009年9月に竣工した。提案では地域貢献施設として「約850㎡の文化・コミュニティ施設や認証保育所、利便施設などの確保を行なう約1,000㎡のアプリケーションラボ(情報発信・展示・交流機能を有する研究施設)」を提案した。この文化・コミュニティ施設には、品川区の大崎第二地域センター区民集会所が入居し、各種証明書の発行などの手続きを行なっている。また認証保育所には、38名を収容するさくら大崎保育園が入居している。一方、アプリケーションラボにはウレタン製品を製造販売しているイノアックコーポレーションと同社が設立した家具の製造販売を行なっている日本フラクのショールームが入居し、家具の製品案内やインテリア関連のコンサルティングを行なっている。しかし、当初の提案では、このアプリケーションラボは大崎駅周辺に立地しているものづくり産業の活性化拠点を形成する目的として、情報発信、展示、交流を行なう研究施設が想定された。しかし、現時点で提供されているのは大崎以外で製造を行なっている企業のショールームであり、大崎のものづくり産業の情報発信や交流などは全く行なわれていないのが実情である。

(2) 一部の公共貢献が商業化したグランフロント大阪

次にグランフロント大阪の公共貢献は、どのように実現したのであろうか。グランフロント大阪は、2013年4月に竣工した。提案された公共貢献の中でも最大の床面積を有し、次世代の大阪における新産業創出を目的としたのがナレッジ・キャピタル機能(約8.2万㎡)である。この機能は最新技術を体験できる展示スペース・カフェ・イベントスペースの「ザ・ラボ」、一歩先の生活を体験できるショールーム「フューチャーライフショールーム」、多種多様な情報を発信する多目的劇場「ナレッジシ

図4−4　アプリケーションラボの現状

出所）筆者撮影

図4−5　ナレッジ・キャピタルの位置図

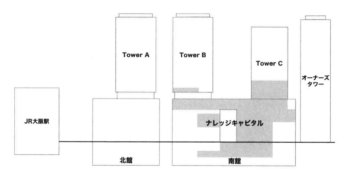

出所）グランフロント大阪TMOホームページを基に作成

アター」、ビジネスマン・研究者・クリエーターなどが交流する会員制サロン「ナレッジサロン」、小規模・短期間から利用できる「コラボオフィス」、企業や大学・研究機関が集積する「ナレッジオフィス」、貸し会議室の「カンファレンスルーム」、1,700㎡のホールと70〜230㎡の会議室から構成される「コンベンションセンター」、イベントなどを定期的に開催する吹抜空間の「ナレッジプラザ」として整備・運営された。これらのナレッジ・キャピタル機能の位置関係を示したのが図4−5である。

　この中でも最も多くの空間を占めているのがフューチャーライフショールームである。このフーチャーライフショールームには、ダイキン工業、積水ハウス、サントリー酒類などの関西を代表する企業が自社の商品に関して学習や体験できる空間を設置している一方で、中には他の商業施設に

図4−6　グランドフロント大阪南館3階フロアマップ

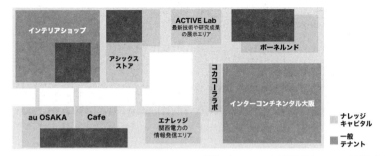

出所）グランフロント大阪TMOホームページを基に作成

も入居しているテナントが数多くみられる。例えば、丸の内ビルディングの地下1階に入居している植物工場を併設したサブウェイ、銀座や神戸にも出店している足を測定するランニングラボを併設したアシックスショップ、全国52店舗を有する登山用品・アウトドア用品を扱う専門店の好日山荘、さらには図4−6に示したように南館3階にはカフェ、auショップ、ボーネルンドなどが入居している。これらのテナントは、通常の商業施設に入居しているテナントと何ら変わらず、これが当初提案したナレッジ・キャピタル機能とは到底考えられないといえる。

（3）地元住民に公共貢献が反対された銀座六丁目プロジェクト

　さらに他の都市再生特別地区の公共貢献では、何らかの問題は起きていないのだろうか。松坂屋銀座店と周辺建築物を建て替える銀座六丁目プロジェクト（銀座六丁目10地区）では、細分化された敷地を再開発によって大街区化することが公共貢献として評価された。銀座六丁目プロジェクトは、中央通りに面する銀座六丁目10街区とその西側に位置する銀座六丁目11街区を一体的に再開発するものであり、街区内の地権者から構成された再開発準備組合から2011年7月に東京都へ正式提案が行なわれた。銀座六丁目プロジェクトでは、街区の間にある区道を11街区の西側に付け替えて街区を跨いだ商業施設、オフィスから構成される建築物（地

表4－7　銀座六丁目プロジェクトにおける事業概要

施設概要		竣工写真
所 在 地	東京都中央区銀座六丁目10番、11番	
用途地域	商業地域	
主要用途	店舗、事務所、多目的ホール	
事業期間	2013年4月～2017年3月	
敷地面積	約9,080㎡	
延床面積	約147,500㎡	
建物階数	地上12階、地下6階、66m	
事業手法	市街地再開発事業	
都市再生への貢献	✓ 国際的な商業・観光拠点の形成 ✓ 安全・快適な歩行者ネットワークの拡充 ✓ 防災性・防災支援機能の向上 ✓ 緑と潤いの創出と環境負荷の低減	
割増容積率	605％（755％⇒1,360％）	

出所）東京都都市計画審議会資料を基に作成、竣工イメージ図は銀座六丁目10地区第一種市街地再開発事業ホームページより転載

上12階地下6階、延床面積14.8万㎡）を整備している。この地区は、大きく分けて4つの公共貢献を提案することで容積率を現行の755％から1,360％までの緩和を提案した。事業概要は表4－7のとおりである。

　公共貢献は、大きく分けて「①国際的な商業・観光拠点の形成、②安全・快適な歩行者ネットワークの拡充、③防災性・防災支援機能の向上、④緑と潤いの創出と環境負荷の低減」を提案した。このうち①の取り組みでは、「大街区化による商業機能の高度化、銀座観光ステーションの整備、観光客受け入れスペースの整備、バス乗降スペースの整備」が提案された。この大街区化は、銀座では奥行きに対して間口が狭い建築物が多いため、個別の建て替えでは国際的な観光拠点としての高まりを受けている商業機能の強化に対応できないために行なう必要があると民間事業者は指摘した。そこで街区内の17の敷地を共同化し、図4－7に示したように街区に挟まれた区道を三原通りに付け替えることで街区を統合し、9,000㎡の大街区を創出することを目指した。また、区道が担っていた自動車や歩行者の交通機能を維持するために街区内に貫通通路として再整備することを提案

図4-7 銀座プロジェクトにおける大街区化の仕組み

出所）東京都都市計画審議会資料を基に作成

した。これにより、銀座六丁目プロジェクトは銀座で最大の基準床面積となる約8,000㎡を持つ商業施設へと変化し、従前の松坂屋銀座店の基準床面積（約3,000㎡）の約2.6倍以上の規模へと変化することを目指した。

この大街区化という取り組みは、国土交通省でも推進しており、2010年5月に策定された国土交通省成長戦略においても大街区化の推進が提示されている。これを受けて翌年4月には大街区化ガイドラインが策定され、市街地再開発事業などを活用して、道路の廃止や変更、敷地の交換や統合を組み合わせることが奨励されるようになっていた。

しかし、地元組織は、大街区化は必ずしも銀座にとって相応しいものではないと考えていた。銀座をよりよい街とするために民間事業者と不動産開発の協議を行なっている銀座デザイン協議会では、銀座が江戸以来の町割に影響された間口の狭い多様な専門店が連続して連なることが街の特徴であり魅力であると考えており、こうした意見に配慮するように銀座六丁目プロジェクトの民間事業者にも要望書を提出していた。したがって地元組織では、銀座には大街区化がふさわしくないということを考えており、大街区化は公共貢献の妥当性を十分に有していたとはいえなかったといえる。しかし、都市再生特別地区では、この大街区化が公共貢献として大きく評価され、地元組織が考える公共貢献とは相容れないものとなってしまった。

（4）類似の公共貢献が集積した丸の内・大手町エリア

大崎ウエストシティタワーズの事例でみたように、東京都では広場の整備は提供された面積の5倍程度の床面積、地域貢献施設の導入は必要とする床面積の容積率で評価しており、こうした公共貢献は他分野よりも高く評価される傾向にあった。そのため、近年の都市再生特別地区では、地域貢献施設のなかでも収益性の高い宿泊施設の導入を行なう不動産開発が相次いでいる。

　例えば丸の内・大手町では、近年宿泊施設が急増している。都市再生緊急整備地域が指定された2002年当時、丸の内・大手町には4つの宿泊施設しかなく客室数は800室程度に過ぎなかった。そのため、都市再生本部の会合においても、シンガポールや香港といった国際的なビジネス拠点と比較すると、丸の内・大手町には宿泊施設が圧倒的に不足しているということが問題視され、宿泊施設の導入が公共貢献として積極的に評価していこうとする認識が浸透した。その結果、丸の内・大手町では都市再生特別地区やこれまでの特例制度を活用して数多くの宿泊施設が開業し、2014年時点で8つの宿泊施設が開業し、客室数は1,800室を超えるまでに増加

図4-8　丸の内・大手町における宿泊施設の整備状況

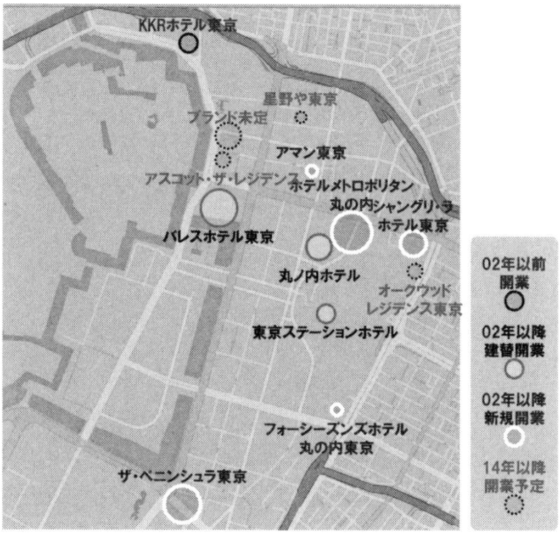

出所）各社プレスリリースを基に作成

4章　都市再生の影：不透明な規制緩和の手続き　　149

した。さらに今後4つの施設の開業によって客室数は2,300室を超える見込みであり、2002年の約3倍の規模となる勢いである。東京都では、丸の内・大手町以外でも東京オリンピックに向けて宿泊施設の開業が相次いで予定されており、今後もこれまでと同様に宿泊施設の導入を公共貢献として広く認めていくのかは検討する余地があるといえる。

　このような公共貢献に関する諸問題は、図4－9に示したように民間事業者と自治体の二者のみの協議によって公共貢献の評価が行なわれること、公共貢献の評価結果に応じて規制緩和を設定するという方針を未だに採用していることに要因があると考えられる。提案とは異なる公共貢献が出現した大崎ウエストシティタワーズでは、民間事業者と自治体による協議において公共貢献のイメージが具体化されないまま都市再生特別地区が指定されたため、提案時と竣工後の公共貢献に大きな乖離が発生してしまった。同様に提案とは異なる公共貢献が出現したグランドフロント大阪では、割増容積率に見合うようにするため公共貢献を増加させたが、公共貢献として活用することを想定したフロアを全て活用できなかったため、通常のフロアにもあるような飲食店や物販店が入居してしまった。

　一方、公共貢献の過大評価が発生した銀座六丁目プロジェクトでは、民間事業者と自治体による協議のみで公共貢献を評価したため、地元住民組織と公共貢献に対する認識が対立することとなった。同様に公共貢献の過大評価が発生した大手町・丸の内では、公共貢献の評価を容積率に換算するという手法を採用しているために、宿泊施設の導入が他の公共貢献よりも高く評価されるために、宿泊施設が相次いで開業するなどの現象を引き起こしている。

　このように提案とは異なる公共貢献の出現や公共貢献の過大評価は、民間事業者と自治体のみによる協議と公共貢献の評価結果に応じて規制緩和を設定するという方針によって発生しているといえる。

図4−9　公共貢献に関する諸問題とその要因

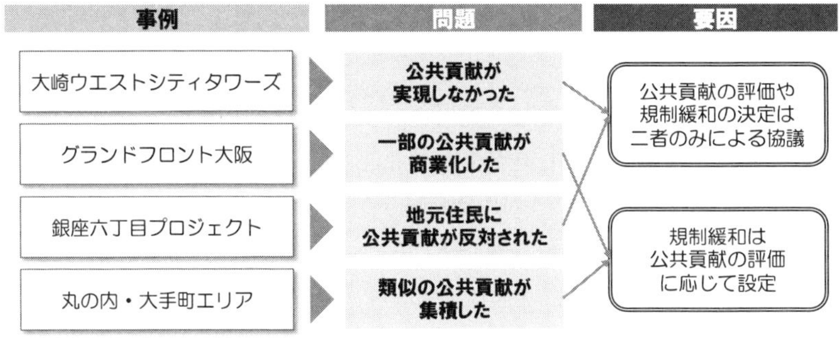

事例	問題	要因
大崎ウエストシティタワーズ	公共貢献が実現しなかった	公共貢献の評価や規制緩和の決定は二者のみによる協議
グランドフロント大阪	一部の公共貢献が商業化した	
銀座六丁目プロジェクト	地元住民に公共貢献が反対された	規制緩和は公共貢献の評価に応じて設定
丸の内・大手町エリア	類似の公共貢献が集積した	

4−4　当初の理念から乖離した都市再生特別地区

（1）優先すべきは公共貢献の妥当性と規制緩和の許容性の確保

　それでは、前述で紹介した提案とは異なる公共貢献の出現や公共貢献の過大評価を防ぐためには何をすべきなのであろうか。東京都や大阪市では、いずれも公共貢献の取り組み度合いに応じて、規制緩和である割増容積率の大きさを設定していた。東京都では、公共貢献の評価を必要性や効果の観点から定性的に判断し、それぞれの公共貢献を容積率に換算して、他条件も考慮したうえで割増容積率を設定していた。一方、大阪市では、公共貢献の必要性を判断し、民間事業者から提案された割増容積率が公共貢献に相応しいか否かを定性的に判断して設定していた。しかし、都市再生特別地区は、そもそも都市再生に資する公共貢献を実現しようとする不動産開発に対して、既存の都市計画による規制にとらわれずに局所的に新たな都市計画を指定するという、いわゆるスポット・ゾーニングとしての運用が期待された。このスポット・ゾーニングは、適用条件として公共貢献が都市再生に資するものであるかという「公共貢献の妥当性」と、規制緩和によって周辺の市街地環境に悪影響を及ぼさない大きさであるかという「規制緩和の妥当性」の確保のみが求められるものである。しかし、東京都や大阪市では、この2つの適用条件に加えて公共貢献に見合った規制緩和であるか否かという「公共貢献と規制緩和の関係性」というさらなる条件を加えた運用を行なっている。これは、いわゆる規制緩和を対価として公共貢献を創出するというインセンティブ・ゾーニングという運用であり、これまでの特例制度で行なわれてきた運用手法と何ら変わらない。この公共貢献と規制緩和の関係性の確保を重視するあまり、グランドフロント大阪のように使いきれない公共貢献を生み出してしまったり、丸の内・大手町のように特定の公共貢献のみが出現するといった現象を引き起こしている。こうした運用を続けていった場合、最終的に公共貢献と規制緩和の関係性を保つことが困難となり、都市再生特別地区の制度根拠を喪失する可能性がある。そのため、東京都や大阪市は、公共貢献と規制緩和の関係性

を確保するというこれまでの運用から脱却し、まずは都市再生特別地区が本来目指したスポット・ゾーニングとして運用に転換する必要があるといえる。

（2）共有されていない「目指すべき市街地環境」

公共貢献の妥当性や規制緩和の許容性は、将来における理想的な街の姿である「目指すべき市街地環境」と照らし合わせて、公共貢献が妥当か否か、規制緩和が許容できるか否かを判断する必要がある。しかし、第2章でも説明したとおり、都市再生本部が作成する地域整備方針には具体的な目指すべき市街地環境は記述されておらず、東京都や大阪市では、民間事業者からの提案によって自治体職員が場当たり的に判断しているのが実情である。例えば、銀座六丁目プロジェクトでは、民間事業者が銀座を大街区化して国際的な観光拠点とすることを目指していたのに対して、銀座まちづくり協議会では間口の狭い多様な専門店が連続することが街の魅力と考えていた。これは、全ての関係主体において大街区化が銀座の目指すべき市街地環境として共有されていなかったことを意味する。また、大崎ウエストシティタワーズでは、民間事業者はまちづくり産業の研究拠点という取り組みを公共貢献として提案したが、大崎におけるまちづくり産業の研究拠点という姿が十分に共有されていなかったため、最終的には家具製造販売会社のショールームとしてしか活用されていない。

こうした目指すべき市街地環境の明確化は、居住者、来街者、就業者、企業、自治体などの多様な関係主体が現状の市街地環境を認識し、将来どのような市街地環境を目指していくのかということを共有していくことに他ならない。こうした観点が現在の都市再生特別地区の運用において大きく欠けている部分であるといえる。

（3）求められるインセンティブ・ゾーニングと二者関与の脱却

これまでの特例制度は、事前に広場の面積や都心住宅の床面積などに応じて割増容積率が一定の算定式で設定されるという事前確定型の特例制度であった。一方、都市再生特別地区は公共貢献の範囲や評価手法、割増容

積率の設定根拠などが事前に提示されず、民間事業者と自治体との協議において決定されるため、いわば協議型の特例制度といえる。こうした協議型の特例制度は、事前確定型の特例制度とは異なり具体的な運用基準が明示されていないことから、積極的な情報開示を行なわない限り、指定手続きの透明性は低下する恐れがある。そのため、指定手続きの透明性を確保するためにも、専門家、市民、周辺地権者などの多様な関係主体の関与が必要である。また、国が中心となって推進する特区制度という観点から所管する都市再生本部や国土交通省による関与も必要である。

都市再生特別地区は、民間都市開発投資を促進するという目的に加えて、これまでの事前確定型の特例制度の課題を解決するための社会実験としての役割が課せられていた。この社会実験は、これまでの特例制度の課題である「地域の実情にあわせて創意工夫を行なうことができない、社会経済情勢の変化に対応していない既存の都市計画に積み上げる方法は合理性に欠ける」を解決するため、「事前に公共貢献を提示する事前確定型の運用から協議によって公共貢献を認めていく協議型の運用に転換、公共貢献に応じた規制緩和を行なうというインセンティブ・ゾーニングから公共貢献を有するものに局所的に規制緩和するスポット・ゾーニングに転換」を試行するものであった。さらに前述したとおり、スポット・ゾーニング

図4-10 都市再生特別地区の運用改善の方向性

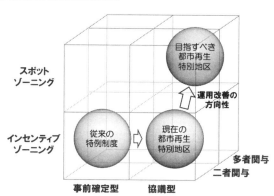

を適切に運用するためには目指すべき市街地環境の明確が必要であり、これまでの民間事業者と自治体といった二者のみによる関与ではなく、多様な関係主体による関与が必要条件として求められる。

　これらの論点を踏まえると、図4-10で示すように都市再生特別地区は「事前確定型、インセンティブ・ゾーニング、二者関与」というこれまでの特例制度の枠組みから「協議型、スポット・ゾーニング、多者関与」という枠組みへの移行を目指したものであるといえる。しかし、現在の自治体における運用状況をみると、「協議型、インセンティブ・ゾーニング、二者関与」といった枠組みで運用されている。そのため、事前確定型から協議型に転換するという社会実験は、民間事業者の創意工夫を活かして多様な公共貢献を創出したという面においては成果を上げたが、それ以外の枠組みはまだ社会実験が行なわれていない状況にあり、「スポット・ゾーニング、多者関与」を目指した運用改善が求められている。

（4）都市再生特別地区の運用改善策

　それでは、本章の最後に前述の運用改善の方向性を踏まえた運用改善策を提示する。現在の運用状況を踏まえて運用改善策をまとめたのが図4-11である。

①都市再生協議会による方針策定と定期的な方針変更

　都市再生特別地区による公共貢献は、都市再生本部が作成する地域整備方針や上位計画を踏まえて必要性が判断される仕組みとなっている。しかし、何れの計画も抽象的な文言のみで構成されているのが現状である。特に地域整備方針は、都市再生特別地区の拠所となるため、民間事業者などの意向を踏まえつつ地域内の増進すべき都市機能や公共公益施設を明示し、さらに建築形態を踏まえて将来の市街地像を明記するという役割を託されていた。しかし、現実には自治体の意見を踏まえて都市再生本部事務局が作成する仕組みとなっており、民間事業者などの多様な関係主体の意向が十分に反映されているとはいえない。

　こうした地域に関係する多様な主体の意向を反映するためにも、地域

図4−11 具体的な都市再生特別地区の運用改善案（上：現在の運用状況、下：運用改善案）

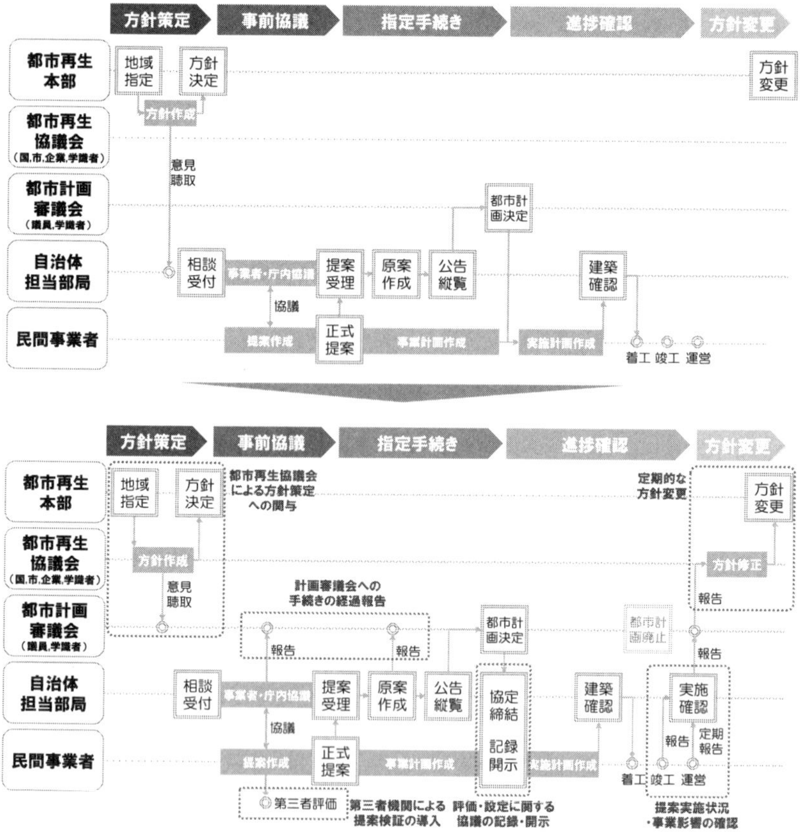

整備方針の作成を各地域に設置されている都市再生緊急整備地域協議会に移管することが考えられる。この協議会の構成員には、関係する自治体のみならず、地域内の民間事業者や学識経験者などが含まれている。そのため、この協議会において抽象的な文言ではなく図面などを用いた市街地の将来像を作成することが考えられる。

②都市計画審議会への手続きの経過報告

現在の都市計画決定等の手続きの中において、唯一、第三者の関与す

る機会が都市計画審議会である。しかし、東京都や大阪市における都市再生特別地区の指定手続きでは、事前相談で協議された公共貢献の評価結果や規制緩和の設定根拠に関する内容が全く共有されていなかった。

　民間事業者から提案される都市計画素案に含まれる内容は多く、全ての内容を限られた時間で共有して審議することは現実的に不可能である。また、民間事業者からの提案受理後6ヶ月以内に都市計画決定等の可否を判断する必要があるため、民間事業者に提案内容の修正を要求し、再度の都市計画審議会を開催して審議することは困難と考える。そこで事前相談の段階から、民間事業者と自治体職員の協議結果に関して都市計画審議会へ報告させ、その協議結果に対する都市計画審議会の意見を民間事業者に伝達することで提案内容に都市計画審議会の意見を反映させることが可能となると考える。

③第三者機関による提案検証の導入

　東京都や大阪市のように都市開発圧力を有する地域において公共貢献と規制緩和の関係性を保持するためには、規制緩和の設定根拠に十分な合理性を確保し、公平性・公正性を有することが重要となる。東京都では、事前確定型の特例制度を踏襲して公共貢献別に容積率評価を行なうことを規制緩和の設定根拠としていた。しかし、容積率の不動産価値が時間的・空間的に大きく異なる現在において、公共貢献に要した敷地面積や床面積などを用いて容積率で評価する手法は十分な合理性を有しているとはいえない。一方、大阪市では、規制緩和に応じた公共貢献を提案したとの定性的な判断が規制緩和の設定根拠となっていた。しかし、グランドフロント大阪のように公共貢献と規制緩和の増加に関係性がみられない状況下においても、最終的には規制緩和に応じた公共貢献であると判断がなされていた。

　このように容積率の不動産価値を適切に判断して規制緩和を設定するには、自治体職員のみでは困難であり、学識経験者、コンサルタント、不動産鑑定士、会計士などの専門家の関与が必要と考えられる。例えば、ドイツにおける協議型の特例制度であるプロジェクト型Bプランで

は、民間事業者から自治体への説明資料や自治体から議会への説明資料において、民間事業者の負担で歴史的・文化的環境価値の評価や開発に伴い発生する環境や交通などの影響について第三者機関による鑑定を依頼し、その結果を鑑定書という文書で添付していることが一般的に行なわれている。このように自治体が自ら評価することが困難な公共貢献や規制緩和の設定に関しては、都市再生特別地区においても第三者機関を活用することが効果的であると考える。

④評価・設定に関する協議の記録・開示

現在の極めて透明性の低い手続きを改善するためには、事前相談から都市計画審議会の付議に至るまでの期間において行なわれた全ての協議結果を詳細に記録し、開示することが必要である。また、これらの協議記録は民間事業者と自治体の合意事項として、都市計画素案の参考資料として添付することで公共貢献の履行担保が強化されると考えられる。

⑤提案実施状況・事業影響のモニタリング導入

東京都での公共貢献の履行確認は、建築確認時、建築物竣工時、その他必要と判断した時（年一回程度）に行なわれている。この履行確認は、公共貢献が実際に提供されているか否かを確認するものであり、公共貢献による効果や規制緩和による影響を確認するものではない。

近年、公共貢献はさらに多様化しており、こうした公共貢献を適切に評価し、規制緩和を設定するためには、創出された公共貢献の効果や規制緩和による影響を計測し、次の公共貢献の評価や規制緩和の設定の参考情報とすべきである。そのためにも、公共貢献の実施状況や規制緩和による影響をモニタリングする仕組みが必要であると考える。

⑥都市計画決定見直し条項の明記

都市再生特別地区が唯一廃止された地区が2008年に指定された浜松市の鍛治町地区である。この地区は、2001年の地元百貨店松菱の自己破産に伴って、周辺建築物とともに共同建替えを行なう松菱通りB-3

ブロック第一種市街地再開発事業の区域に指定された。しかし、核テナントとして出店予定であった大丸が2009年に断念したことにより事業継続が困難となった。そこで浜松市では、2011年に民間事業者から再度提案を受け付ける形で都市再生特別地区を廃止することとなった。

　このように現在の都市再生特別地区には、事業内容の変更や事業中止となった場合においても都市計画決定を廃止する規定は存在しないため、事業の見込みがつかない地区においても指定することが可能となっている。これは早期に民間都市開発投資を促進するという都市再生の趣旨に逆行するものであり、都市計画決定の有効性に一定の期限を設ける必要があると考える。前述のドイツにおけるプロジェクト型Bプランでは、民間事業者による提案内容の実施を担保するため、民間事業者と自治体との間で都市計画契約を締結し、その中において3年や5年程度の期限が定められるのが一般的である。この期限までに提案内容が実施されない場合、自治体は無補償で計画を廃止する仕組みとなっている。

第 5 章

今後の東京に求められる不動産開発のあり方

5−1 高く評価される丸の内・大手町と六本木・赤坂の不動産開発

（1）来街者・就業者・居住者が高く評価する三大プロジェクト

　それでは、不動産開発によって創出される施設の利用主体である来街者・就業者・居住者や企業は、各施設をどのように評価しているのであろうか。本章では、これらの利用主体の意向と近年の特区制度の変化を踏まえて、今後の東京に求められる不動産開発のあり方を論じる。

　著者は大規模複合施設が利用主体にどのように利用され、評価されているかを明らかにするため、過去一年間に施設に訪れたことのある者（来街者：約5,000名）、施設内のオフィスに勤務している者（就業者：約1,000名）、施設内の住宅または施設から徒歩5分以内に住んでいる者（居住者：約1,000名）に対してアンケート調査を2012年4月に実施した。対象とした施設は、東京23区においてオフィス、商業施設、住宅、宿泊施設などの複数用途から構成される施設であり、敷地面積が2ha以上（一体的な計画の下で開発された複数施設は同一プロジェクトとして集計）かつ施設開業後1年以上経過した10施設である。10施設は「丸の内再構築プロジェクト、日本橋室町プロジェクト、晴海トリトンスクエア、六本木ヒルズ、東京ミッドタウン、恵比寿ガーデンプレイス、汐留シオサイト、大崎駅東口プロジェクト、品川駅港南口プロジェクト、天王洲アイル」であり、概要は表5−1のとおりである。東京23区において最大規模を有する大規模複合再開発施設は、延床面積167万㎡を誇る汐留シオサイトであり、次いで延床面積104万㎡の丸の内再構築プロジェクト、延床面積92万㎡の品川駅港南口プロジェクトである。一方、商業施設や美術館などの施設数が最も多いのが、405施設を有する丸の内再構築プロジェクトであり、次いで239施設の六本木ヒルズ、202施設の汐留シオサイトとなっている。こうした多様な施設や近年のエリアマネジメントの積極的な展開によって、開業から2012年3月末までの新聞・雑誌掲載件数は、丸の内再構築プロジェクトと六本木ヒルズが突出して高く、多くの利用主体に認知されている施設といえる。

表5-1 調査対象とした大規模複合施設の概要

施設名		丸の内再構築プロジェクト	日本橋室町プロジェクト	晴海トリトンスクエア	六本木ヒルズ	東京ミッドタウン	恵比寿ガーデンプレイス	汐留シオサイト	大崎駅東口プロジェクト	品川駅港南口プロジェクト	天王洲アイル
開業年		2002～09年	2005～10年	2001年	2003年	2007年	1994年	2002～07年	1999年	1998～03年	1991～96年
主要用途		事務所、店舗、宿泊施設、美術館、展示・会議施設	事務所、店舗、宿泊施設、展示施設、美術館	事務所、住宅、店舗、展示施設	事務所、住宅、宿泊施設、店舗、美術館、映画館	事務所、住宅、宿泊施設、店舗、美術館	事務所、住宅、宿泊施設、店舗、美術館	事務所、住宅、宿泊施設、劇場	事務所、宿泊施設、店舗	事務所、住宅、宿泊施設、店舗、展示施設	事務所、住宅、宿泊施設、店舗、劇場
施設規模	敷地面積(㎡)	63,799	21,518	84,800	93,389	68,900	82,366	155,228	63,107	88,330	74,935
	延床面積(㎡)	1,035,593	282,748	671,600	724,524	569,000	476,351	1,673,475	458,928	921,555	514,537
	店舗面積(㎡)	61,110	27,420	47,400	38,300	22,000	18,000	非公表	19,155	非公表	非公表
	宿泊客室数	205室	178室	—	389室	248室	438室	1,550室	412室	206室	260室
	住宅戸数	—	—	1,789戸	837戸	517戸	510戸	1,833戸	157戸	650戸	542戸
施設数	物販・サービス店	181	23	33	130	79	4	70	50	30	27
	飲食店	219	41	18	103	51	40	131	48	65	50
	その他施設	5	2	1	6	5	2	—	1	4	1
最寄駅数		6駅10路線	6駅7路線	2駅3路線	4駅3路線	4駅4路線	2駅2路線	5駅5路線	1駅5路線	2駅7路線	2駅2路線
新聞・雑誌掲載件数		13,750	843	1,222	24,494	6,434	5,231	2,897	770	1,215	2,412
活用制度		総合設計、特定街区、都市再生特別地区	特定街区、都市再生特別地区	高度利用地区、再開発等促進区を定める地区計画	再開発等促進区を定める地区計画	再開発等促進区を定める地区計画	総合設計	再開発等促進区を定める地区計画	再開発等促進区を定める地区計画	再開発等促進区を定める地区計画	総合設計

※複数施設の詳細は、丸の内再構築プロジェクト(丸ビル、新丸ビル、丸の内オアゾ、東京ビル(TOKIA)、丸の内ブリックスクエア)、日本橋室町プロジェクト(日本橋三井タワー、コレド室町、ユイト日本橋室町ビル)、大崎駅東口プロジェクト(大崎ニューシティ、ゲートシティ大崎)、品川駅港南口(品川インターシティ、品川グランドコモンズ)である。

5章 今後の東京に求められる不動産開発のあり方 163

図5-1 利用主体別の大規模複合施設の総合満足度

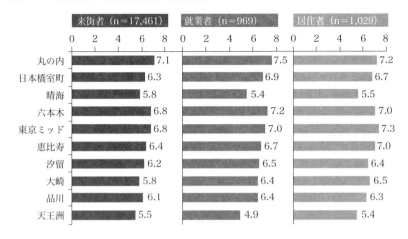

　これらの大規模複合施設の満足度を把握するため、各利用主体に「施設の総合満足度」として10点満点で評価してもらった。その結果が図5-1である。来街者および就業者では丸の内再構築プロジェクトの総合満足度が最も高く、次いで六本木ヒルズ、東京ミッドタウンという結果となった。また、居住者では東京ミッドタウンが最も高く、次いで丸の内再構築プロジェクト、六本木ヒルズ、恵比寿ガーデンプレイスの順となった。この結果から、観光、就業、居住といった利用目的は異なるものの全ての利用主体が丸の内再構築プロジェクト、六本木ヒルズ、東京ミッドタウンの3施設に対して高い満足度を有していることがわかる。また、これらの3施設に次いで評価が高かったのが恵比寿ガーデンプレイスであった。恵比寿ガーデンプレイスは前述の3施設とは異なり、開業時期が1990年代前半と比較的古い施設ではあるが、定期的なリニューアルの実施やイベントなどの開催によって利用主体に継続して高い満足度を与えているといえる。
　一方、晴海トリトンスクエアと天王洲アイルは、全ての利用主体において総合満足度が低い結果となった。これは、いずれの施設も都心からのアクセスが悪く、リニューアルやイベントの開催などの頻度も他施設と比較して見劣りするのが影響していると考えられる。

（2）企業が高く評価する丸の内・大手町、八重洲・京橋・日本橋

　それでは、各施設において最も多くの床面積を占めているオフィスを利用する企業は、どのように評価しているのであろうか。著者は前述の調査に引き続いて、翌年4月に従業員数500名以上の企業において東京都内のオフィス選定に携わったことのある約350名を対象にアンケート調査を実施した。回答者のうち約7割は1,000㎡以上のオフィスの賃借を経験しており、主に事業規模拡大、人員拡大、企業合併・部門統廃合などを契機として新規の賃借を行なっていた。こうした企業は、オフィス選定にあたって個別の施設を選定する前にオフィスエリアを選定することから、アンケート調査では東京23区における主要なオフィスエリアを評価してもらった。

　対象としたオフィスエリアは「丸の内・大手町・有楽町、八重洲・京橋・日本橋、新橋・虎ノ門・汐留、六本木・赤坂、品川駅周辺、新宿駅周辺、渋谷駅周辺」である。これらのエリアの総合的な評価を把握するために、これからオフィスを賃借したい上位3エリアを選択してもらったころ、図5－2に示したように丸の内・大手町・有楽町、新橋・虎ノ門・汐留、八重洲・京橋・日本橋が他エリアよりも高く評価された。なかでも、丸の

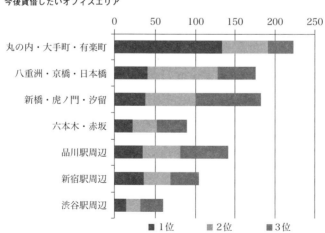

図5－2　今後賃借したいオフィスエリア

5章　今後の東京に求められる不動産開発のあり方　*165*

図5-3　今後賃借したいオフィスエリア

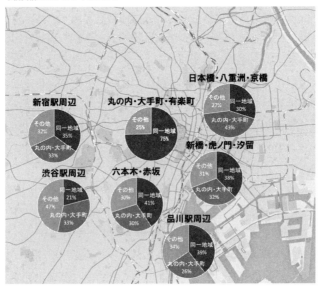

内・大手町・有楽町は1位の割合が高く、1990年代の丸の内の黄昏という危機を乗り越えてオフィスエリアとして不動の人気を有しているといえる。次いで高い評価を得ていた新橋・虎ノ門・汐留と八重洲・京橋・日本橋は、ほぼ同程度の評価を得ており、東京駅周辺のエリアがともに高い評価を得ていることがわかる。一方、東京駅から離れており、企業の集積が少ない六本木・赤坂や渋谷駅周辺は他エリアと比較して低い評価となった。

　さらに、この今後賃借したいオフィスエリアを現在の所在地別に集計したのが図5-3である。これをみると、とても面白い傾向がみてとれる。丸の内・大手町・有楽町に立地する企業の約8割は今後も同エリアに賃借したいと考えており、数多くのアンカー企業を有している貴重なエリアといえる。これに加えて、同エリアは他エリアからの移転ニーズも高く、八重洲・京橋・日本橋、渋谷駅周辺といったエリアでは、現エリアで賃借するよりも丸の内・大手町・有楽町に賃借したいという意向の方が高くなる結果となった。一般的に企業移転は、取引先とのアクセスや社員の居住地

などに影響を受けて、簡単に他エリアに移転することはできないと言われているが、この結果をみる限り企業は丸の内・大手町・有楽町に高い立地意向を有しているといえる。かつて品川駅周辺や新宿駅周辺などにオフィスビルの建設が相次ぐことで新興オフィスエリアを形成し、丸の内・大手町・有楽町の存在をたびたび脅かしてきたが、近年の企業の評価は原点回帰する傾向にあるといえる。これは他エリアと比較して丸の内・大手町・有楽町は、継続的な不動産開発によってエリア全体のイメージが長期的に向上しているのに加えて、北陸新幹線や東北新幹線などの延伸によって東京駅の交通インフラが一段と向上していることも大きく影響していると考えられる。

5-2 利用主体で異なる大規模複合施設やエリアの評価構造

（1）来街者・就業者・居住者における大規模複合施設の評価

それでは、なぜ来街者・就業者・居住者は丸の内再構築プロジェクト、六本木ヒルズ、東京ミッドタウン、企業は丸の内・大手町、八重洲・京橋・日本橋を高く評価するのであろうか。この要因を把握するため、各利用主体における大規模複合施設やオフィスエリアに対する評価構造を明らかにする。

来街者・就業者・居住者の総合満足度の評価構造を明らかにするため、アンケート調査では表5-2に示した6分野12項目から構成される施設要素を設定し、各要素を5段階「満足、やや満足、どちらともいえない、やや不満、不満」で評価してもらい点数化した。その結果が図5-4である。

この結果をみると、総合満足度の高い丸の内再構築プロジェクト、六本木ヒルズ、東京ミッドタウンは他施設と比較して、「施設規模」「多様性」「話題性A（常に流行の店舗や施設がある）」の要素で高い評価を得て

表5-2 大規模複合施設の総合満足度を構成する施設要素

分 野	項 目
施設規模	A：施設全体の敷地面積や延床面積が大きい
	B：入居している店舗や施設の規模が大きい
多様性	A：様々な用途の店舗や施設がある
	B：商品やサービスの品揃えが豊富である
話題性	A：常に流行の店舗や施設がある
	B：イベント等が多く開催されている
希少性	A：その地域にしかない店舗や施設がある
	B：周辺地域に同様の店舗が少ない
快適性	A：店舗や施設の回遊がしやすい
	B：無料で休憩できるスペースが十分にある
交通利便性	A：就業地や自宅に近接している（就業者：「自宅に近接している」来街者：「就業地に近接している」）
	B：交通アクセスがしやすい

図5-4　利用者別の施設要素の満足度

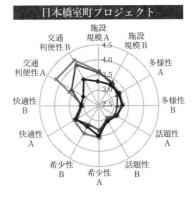

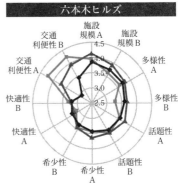

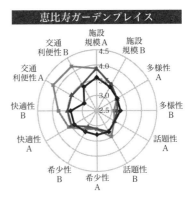

◆ 来街者　▲ 就業者　■ 居住者

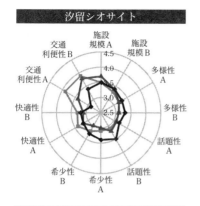
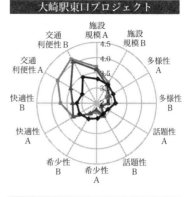
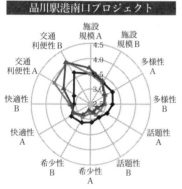
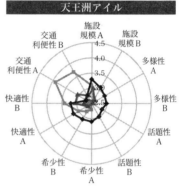

いた。また、各施設の特徴として丸の内再構築プロジェクトは「快適性A（店舗や施設の回遊がしやすい）」「交通利便性B（交通アクセスがしやすい）」が高く、六本木ヒルズは「話題性B（イベントなどが開催されている）」、東京ミッドタウンは「快適性B（無料で休憩できるスペースが十分にある）」という項目で他の施設に比べて高い評価を得ていた。丸の内再構築プロジェクトは、6駅16路線の鉄道や地下鉄が利用可能であるため、他施設よりも「交通利便性B」において高い評価を得たと考えられる。また、六本木ヒルズは東京映画祭などの大規模イベントに加えて大小様々なイベントが連日開催されることで「話題性B」の評価を高めていると考えられる。さらに、東京ミッドタウンは隣接する檜町公園とあわせて4haとい

う広大な緑地空間の存在が「快適性B」の評価を高めていると考えられる。
一方、総合満足の低い晴海トリトンスクエア、天王洲アイルは、「多様性」「話題性」「希少性」といった項目の評価が全ての利用主体で低く、さらに居住者以外は「交通利便性」の評価も低い結果となっていた。各施設とも竣工してから10年以上経過しているが、大規模なリニューアルやコンセプトの再検討などは行なっておらず、施設の陳腐化が進んでいるものと思われる。

　次に6分野12指標から構成される施設要素と前節における総合満足度の関係性を明らかにするため、因子分析という手法を用いて施設要素を代表する潜在因子を抽出し、共分散構造分析という手法を用いて評価構造を把握した。この因子分析とは、変数間にある相関関係を少数の潜在因子で説明する手法であり、商品やサービスの開発などにおいて広く用いられている。また共分散構造分析とは、人の心理状態といった直接計測することのできないものを潜在変数によって統合し、その変数間の関連性を計量化する手法であり、消費者の深層心理などを明らかにするために用いられている。これらの分析を行なった結果、施設規模や多様性に関係する「施設の多種・多様さ」、話題性や希少性に関係する「訴求力の強さ」、快適性や交通利便性に関係する「回遊・移動の容易さ」といった施設要素の潜在因子を抽出した。さらにこの潜在因子を用いて、施設要素と総合満足度との関係性を分析した結果が図5－5である。

　これをみると、来街者の総合評価に最も影響を与えているのは「話題性」であり、次いで「多様性」「希少性」の順となっている。また就業者では「多様性」「話題性」「快適性」、居住者では「快適性」「多様性」「話題性」の順で総合評価に大きな影響を与えている。このことから「多様性」や「話題性」は、全ての利用者の総合評価において高い影響を与えているといえる。さらに来街者は「希少性」、就業者や居住者は「快適性」を重視している。これは来街者と比較して就業者や居住者は訪問頻度が高いため「快適性」を重視し、訪問頻度が低い来街者はより貴重な体験を求めるため「希少性」を重視する傾向があると考えられる。一方「施設規模」や「交通利便性」は、何れの利用者においても総合評価に与える影響は低い傾向

図5-5 評価要素と総合満足度との関係性

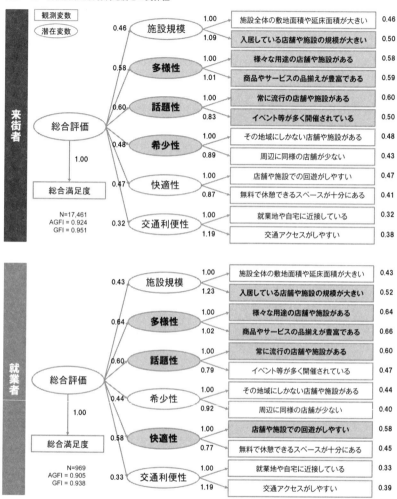

にある。このことから、交通利便性の高い地域に立地する施設や規模の大きな施設といった先天的な評価要素が高ければ、総合満足度も必ず高くなるというわけではなく、商品やサービスの品揃えの豊富さや常に流行の店舗や施設があるといった後天的な要素を各利用者が重視しているといえる。

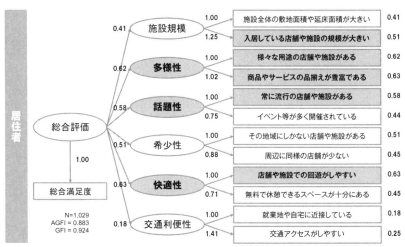

※）矢印の数値はパス係数を示しており、12項目の右側数値は総合評価から各観測変数までのパス係数の積であり、重要度を示している。また、6分野の網掛けはパス係数が上位3指標、12項目の網掛けは重要度が上位5指標を示している。

これは、交通利便性が必ずしも高くない六本木ヒルズや東京ミッドタウンが高い評価を得ていることからもみてとれる。

次に全ての利用者の総合評価に高い影響を与えている「多様性」や「話題性」を構成する要素をみると、「多様性」を構成する2つの要素「様々な用途の店舗や施設がある、商品やサービスの品揃えが豊富である」は、何れの利用者においても高く重視する評価要素である。一方、「話題性」をみると、来街者は2つの評価要素「常に流行の店舗や施設がある、イベントなどが多く開催されている」の重要度が高いのに対して、就業者や居住者は「常に流行の店舗や施設がある」のみ高く重視していた。このことから、「話題性」に関しては来街者と就業者および居住者で重視する側面が異なるといえる。これは、就業者や居住者がイベントなどの開催によって施設内が混雑することで、彼らが重視する「快適性」が低下することを敬遠しているものと思われる。そのため、施設を運営する民間事業者は、いずれの利用者を主要な顧客層と捉えるのかによって、施設の運営方針を設定する必要があるといえる。例えば、恵比寿ガーデンプレイスには2ス

図5-6 来街者における滞在時間と消費金額の関係

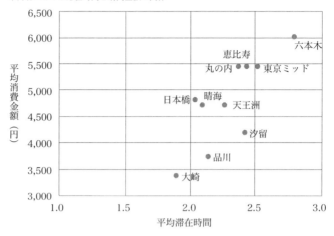

クリーンしかない映画館が存在するが、ここでは施設のメインターゲットである大人の女性に絞った作品を上映することで高い人気を得ている。このように他施設にはみられない特徴的な取り組みが、高い評価を得ることに繋がる可能性を有していると考えられる。

　こうした総合満足度の違いは、各施設での滞在時間や消費金額に大きな影響を与えている。図5-6に示したとおり、来街者を対象に各施設の滞在時間と消費金額をみると、六本木ヒルズが約2.8時間と最も長く、ついで東京ミッドタウンの約2.5時間、丸の内再構築プロジェクトと恵比寿ガーデンプレイスの約2.4時間と続く。一方、各施設の消費金額をみると、六本木ヒルズが約6,000円と最も高く、ついで丸の内再構築プロジェクトと、恵比寿ガーデンプレイス、東京ミッドタウンの約5,500円となっている。このことから、総合評価の高い施設は滞在時間や消費金額も大きいという傾向があるといえる。

(2) 企業におけるエリアの評価

　次に企業は、オフィスエリアをどのように評価しているのであろうか。エリアの評価構造を明らかにするため、アンケート調査では、6つの都市

機能「経済活動の活発性、研究・開発の活発性、文化・交流の活発性、都市居住の快適性、都市環境の快適性、都市インフラの充実性」を設定し、各機能の重要度を4段階「とても重要である、重要である、やや重要である、重要ではない」で評価してもらい点数化した。この経済活動の活発性とは「企業集積度の高さ、高度ビジネスサービスの多さなど」を表しており、研究・開発の活発性は「研究開発機関の多さ、ベンチャー支援機関の多さなど」を表している。また、文化・交流の活発性は「ホテルやコンベンションホールなどの多さ、教育機関の多さ、美術館・博物館の多さなど」を表すものとし、都市居住の快適性「飲食・物販店の多さ、医療・福祉施設の多さなど」を表している。そして環境の快適性は「広場や公園の多さ、空気のきれいさなど」を表しており、都市インフラの充実性「交通利便性の高さ、防災への配慮の高さなど」を表したものである。これらを評価してもらった結果が図5－7である。

この結果をみると、企業では「経済活動の活発性」と「都市インフラの充実性」が他の都市機能よりも重視されていた。これは一般的な企業行動を考えると当然の結果であるといえる。企業は、自らの拠点を新たなビジネス機会の獲得や業務効率の向上を目的としてエリアを選択する。そのため、この目的を達成するためには経済活動の活発性と都市インフラの充実性は、他の都市機能と比較してもエリア選定のための必要条件となる可能性が高く、これらの都市機能を他よりも優先していると考えられる。次に企業が各エリアの都市機能をどのように評価しているのかをみたのが図5－8である。

これをみると、各都市機能の平均値が最も高いのは今後オフィスを賃借したいとの評価が最も高かった丸の内・大手町・有楽町ではなく、六本木・赤坂であった。これは丸の内・大手町・有楽町の都市環境の快適性が低いためであり、六本木・赤坂と比較して公園や広場といった要素が不足していると企業が判断したと考えられる。たしかに六本木・赤坂には、六本木ヒルズの毛利庭園、東京ミッドタウンのミッドタウン・ガーデンと檜町公園、有栖川宮記念公園などの広大で開放的な緑地空間が存在する。しかし、丸の内・大手町・有楽町は皇居外苑や日比谷公園に隣接してはいるものの

図5-7 オフィスエリアを選択する場合の都市機能の重要度

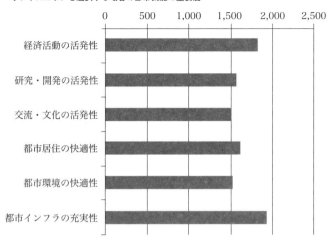

エリア内には大規模な緑地空間は存在せず、これが評価結果の差に繋がったものと思われる。一方、オフィスを賃借したいとの評価が2番目に高かった八重洲・京橋・日本橋では、経済活動の活発性は丸の内・大手町・有楽町と同水準にあるものの、その他の都市機能では軒並み低い評価となっている。これは八重洲・京橋・日本橋にはオフィス以外の要素が圧倒的に不足していることが要因として考えられる。例えば、丸の内・大手町・有楽町や六本木・赤坂にはオフィスのみならず、コンベンション・カンファレン施設、コンサートホール、美術館、教育機関といった文化・交流や研究・開発を促進するための施設が数多く立地しているが、こうした多様な施設は八重洲・京橋・日本橋に殆ど存在しないか認知されていない。その結果、このように大きな差が発生しているものと考えられる。しかし、経済活動の活発性以外の都市機能の評価があまり高くない八重洲・京橋・日本橋がオフィスエリアを賃借したいと高い評価を得ている理由には、図5-7に示したように企業が企業が経済活動の活発性を他の都市機能よりも非常に高く重視していることが影響している。今後、日本橋と八重洲では、東京23区で最大の大規模複合施設である汐留シオサイトと同規模となる約165

図 5 − 8　企業のオフィスエリアにおける都市機能の評価（上：上位3エリア、下：下位4エリア）

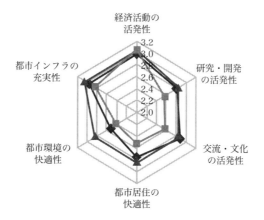

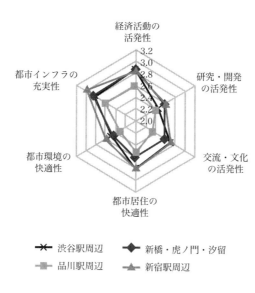

5章　今後の東京に求められる不動産開発のあり方　*177*

〜198万㎡の床面積が創出される不動産開発が想定されており、これにより他エリアと見劣りする都市機能を高めることができれば今後大きく成長するエリアに生まれ変わる可能性を有しているといえる。
　このようにエリアにおいて求められる都市機能は異なっており、不動産開発においてもこうした点を十分に踏まえることがエリアの競争力を高め、ひいては都市の国際競争力向上に繋がるものと思われる。そのため、都市再生特別地区の事業認定や公共貢献の評価を行なう場合にもこうしたエリア別の都市機能の優劣を十分に考慮していく必要がある。

(3) 全ての利用主体による公共貢献の評価
　最後に来街者・就業者・居住者や企業は、不動産開発によって創出される公共貢献に対してどのように評価しているのであろうか。各アンケート調査において図5－9に示した公共貢献の必要性を把握した。来街者・就業者・居住者には、6分野別の公共貢献の必要性を4段階で評価してもらい点数化した。また、企業においても都市機能別に公共貢献と思われる施設を抽出して複数回答で選択してもらった。その結果が図5－9である。
　この結果をみると、来街者・就業者・居住者では「広場・通路、交通機能、防災、環境・景観」の分野はいずれの項目も高い評価を得ていたが、「地域貢献」は項目によって大きく評価が分かれた。特に利用者が限定される住民交流施設や医療施設・保育所などは低い評価であった。一方、企業の結果をみると「広場・通路、交通」に該当する項目は高い評価を得たが、「地域貢献」は前述と同様に評価が分かれた。特に美術館、サービスアパートメントなどといった近年増加している地域貢献の評価が低い傾向にある。このように、地域貢献は地域や施設の特性によって判断が大きく分かれるものであり、公共貢献の必要性や効果の評価にあたっては、多様な関係主体による関与が必要であるといえる。

図5-9 利用主体による公共貢献の評価結果（上：来街者・就業者・居住者、下：企業）

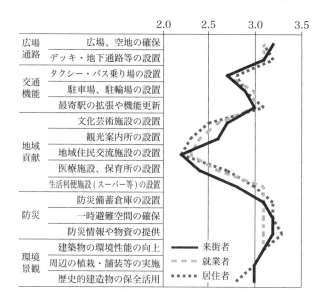

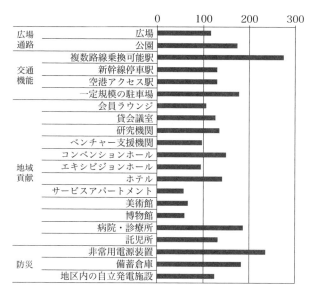

5-3 都市再生をさらに促進する国家戦略特区の出現

(1) 相次ぐ特区制度の創設

　2002年6月に都市再生特別措置法が施行したのち、小泉内閣は都市計画・建築規制以外においても特区制度によって大胆な規制改革を実現するため、翌年4月に構造改革特別区域法を施行させた。この構造改革特区は、自治体や民間事業者から規制の特例措置の提案を受け付けて、構造改革特別区域推進本部が規制緩和を認定するという仕組みを採用した。そのため、国が規制緩和や金融支援・税制措置を準備した都市再生緊急整備地域とは異なり、構造改革特区は地元発意の特区制度として位置づけられた。構造改革特区は、規制の特例措置を目的としているため、都市再生緊急整備地域で行なわれた金融支援や税制措置は対象外とされた。また、構造改革特区は指定された後、規制改革の社会実験を通して影響や効果を検証し、社会的に悪影響を与えていなければ速やかに全国適用することを前提としていた。そのため、特定の地域において投資を促進して経済活動を活発化するという他の特区制度とは、やや性質の異なるものであったといえる。

　構造改革特区の提案分野は幅広く、教育、農業、環境、エネルギー、福祉、医療などの提案が行なわれ、2015年3月末時点で全国1,241件が認定され、そのうち867件は全国適用されたことで消滅した。例えば、新潟県では、株式会社による農地賃借を可能とする農業特区を提案して2003年4月に構造改革特区の第1号として指定された。これまで株式会社による農業経営の参入は規制されていたが、農業経営者の高齢化や担い手不足、耕作放棄地や遊休農地の増加を解消するため、市町村と協定を締結した株式会社に限って農地を賃借させることを可能とした。この農業特区は、構造改革特区の成功事例として着目され、2005年の農地法改正によって全国において適用されるようになった。しかし、こうした構造改革特区の提案や指定は近年減少する傾向にある。その要因として、制度創設時に想定した規制改革項目が出揃ってしまったことや、特区化の可否を判断する内閣官房と規制所管省庁との折衝が十分な成果を生み出していないことが指

摘されている。

　次いで創設された特区が総合特区である。2009年9月の民主党への政権交代によって誕生した鳩山内閣は、同年12月に経済成長戦略である「新成長戦略～輝きのある日本」を策定し、その実現に向けた施策として2011年8月に総合特別区域法を施行させて総合特区を創設した。総合特区は、我が国の経済成長のエンジンとなる産業や機能の育成に関する取り組みを推進するための「国際戦略総合特区」と、地域資源を最大限活用した先駆的な地域活性化の取り組みを推進するための「地域活性化総合特区」の二種類が用意された。構造改革特区と同様に主に自治体からの提案を受け付けて総合特別区域推進本部が指定する仕組みであったが、規制緩和・税制措置・金融支援と都市再生と同様に幅広い支援手法を活用することを認めた。2015年3月末時点で国際戦略総合特区は7件、地域活性化特区は41件が指定されている。総合特区は、運営母体として自治体に加えて、事業の実施主体となる民間事業者やNPOなどが地域協議会を組織し、住民の意向の反映や民間のノウハウや資金を活用するといった仕組みが導入された点が特徴的であった。

　東京都はアジアヘッドクォーター特区を提案し、都市再生緊急整備地域と同一の地域が国際戦略総合特区として指定された。この区域では、アジア地域の統括・研究開発拠点を5年間で50社以上、外国企業を5年間で500社以上誘致することを目標に掲げ、5年後の経済効果を14.6兆円と試算した。これを実現するため、法人実効税率の引き下げ、ビジネスワンストップサービスの提供、英語での診療や教育施設の充実などを導入した。しかし、2012年12月に再び自民党に政権が交代したこともあって、新規の総合特区の募集や指定は行なわれていないのが実情である。

　また、総合特区の創設にあわせて2011年4月に都市再生特別措置法も改正され、都市再生施策の拡充を図った特定都市再生緊急整備地域が都市再生緊急整備地域に重複するかたちで指定された。特定都市再生緊急整備地域内では、国際空港へのアクセス改善など官民が連携して整備計画を策定した事業への予算支援や、道路の付け替えや廃道をせずに道路上空に建築物を整備することが可能となった。この特定都市再生緊急整備地域

図5-10　総合特区の指定状況（太字は国際戦略総合特区）

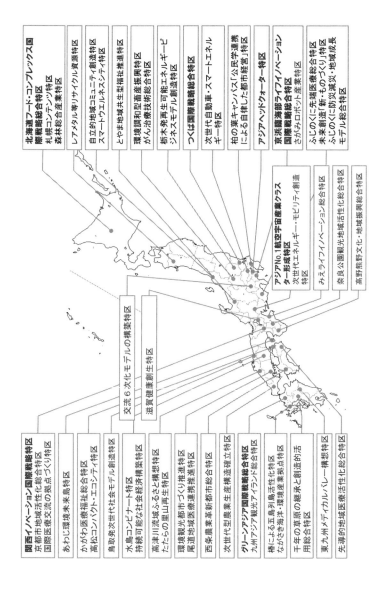

出所）内閣府地方創生推進室資料を基に作成

は、2012年1月に1都6政令指定都市の11地域に指定された。この指定によって、大阪駅前の阪神百貨店が入居する大阪神ビルと隣接する新阪急ビルを建て替える梅田1丁目1番地プロジェクトでは、2棟の建築物の間にある道路上空を利用して低層部を一体化し、都市再生特別地区によって我が国で最大容積率となる2,000％（指定容積率は1,000％）を獲得して、延床面積約25.7万㎡のオフィスと商業施設を整備している。

（2）国家戦略特区の出現と今後の可能性

　政権交代によって自民党が新たに打ち出した特区制度が、2013年12月の国家戦略特別区域法の施行によって創設された国家戦略特区である。国家戦略特区は、安倍政権の成長戦略である「日本再興戦略―JAPAN is BACK―」の第3の矢の重要施策として位置づけられ、国が主導して社会経済の構造改革を重点的に推進するために規制緩和・金融支援・税制措置を総合的かつ集中的に推進することを目的とした。特に国家戦略特区では、いわゆる岩盤規制（これまで課題とされながらも改革が進まなかった規制）を中心に自治体や民間事業者からの提案を求めて、内閣総理大臣を議長とする国家戦略特区諮問会議が特区の指定を行なう仕組みとなっている。指定された特区では、国家戦略特区担当大臣と関係自治体の長、さらに内閣総理大臣が選定した民間事業者によって国家戦略特別区域会議が設置され、三者の合意の下で国家戦略特区計画を策定し、支援策の内容や特定事業の選定を行なうこととなっており、総合特区よりも国による積極的な関与がなされる運営体制となっている。

　2014年5月、国家戦略特区として表5－3に示したように6区域が指定された。東京都は神奈川県と千葉県成田市を含んだ東京圏として指定され、都市再生分野、雇用・労働分野、医療分野を中心に国家戦略特別区域計画が策定された。都市再生分野では、国際的なビジネス活動の拠点の形成を図るために柔軟かつ大胆な容積率の設定を行なう「国家戦略民間都市再生事業、国家戦略都市計画建築物等整備事業」、エリアマネジメントのために道路を占用して施設を設置することを可能とする「国家戦略道路専用事業」などの特定事業が計画として盛り込まれた。このうち都市計画・

建築規制に関わる事業に関しては、これまでと同様に都市再生特別地区や民間都市開発機構による金融支援が活用される仕組みとなっており、国家戦略特区によって都市再生施策がより積極的に活用されることを目指している。

　こうした相次ぐ特区制度によって、大都市を対象に国及び自治体と民間事業者の連携がますます深化している要因には、「大都市と地方都市、国と大都市、官と民間」という3つの関係性が大きく変化していることが影

表5-3　国家戦略特区の内容

分　野	分　野	政策課題
東京圏 (東京都、 神奈川県、 成田市)	都市再生 雇用・労働 医療	グローバルな企業・人材・資金等の受入れ促進
		女性の活用促進も含めた、多様な働き方の確保
		起業等イノベーションの促進、創薬等のハブの形成
		外国人居住者向けを含め、ビジネスを支える生活環境の整備
		オリンピック・パラリンピックを視野に入れた国際都市にふさわしい都市・交通機能の強化
関西圏 (大阪府、 兵庫県、 京都府)	医療 雇用 都市再生 教育	高度医療の提供に資する医療機関、研究機関、メーカー等の集積及び連携強化
		先端的な医薬品、医療機器等の研究開発に関する阻害要因の撤廃、シーズの円滑な事業化・海外展開
		チャレンジングな人材の集まる都市環境、雇用環境等の整備
新潟県 新潟市	農業 雇用	農地の集積・集約、企業参入の拡大等による経営基盤の強化
		6次産業化及び付加価値の高い食品開発
		新たな技術を活用した革新的農業の展開
		農産物及び食品の輸出促進
		農業ベンチャーの創業支援
兵庫県 養父市	農業	耕作放棄地等の再生
		農産物・食品の高付加価値化の推進
		交流者滞在型施設の整備
福岡県 福岡市	雇用・労働 医療 都市再生	起業等のスタートアップに対する支援による開業率の向上
		MICEの誘致等を通じたイノベーションの推進及び新たなビジネス等の創出
沖縄県	観光 労働	外国人観光客等が旅行しやすい環境の整備
		地域の強みを活かした観光ビジネスモデルの振興
		国際的環境の整ったイノベーション拠点の整備

出所）内閣府地方創生推進室資料を基に作成

響していると考えられる。

①大都市と地方都市の関係の変化
　我が国における都市政策の最上位計画であった全国総合開発計画（以下、「全総」とする）の変化をみると、第一次全総（1962年策定）から第四次全総（1987年策定）では、安定的な経済成長を背景として、大都市に集中する都市機能を如何に地方都市に分散させて国土の均衡ある発展を実現するかに重点が置かれてきた。しかし、バブル経済の崩壊後に策定された第五次全総（1998年策定）では、多軸型国土構造の形成という長期構想実現に向けて4つの戦略が掲げられ、その一つとして「大都市のリノベーション」が明示された。この大都市のリノベーションでは、基本的方向の一つとして「我が国の発展に積極的に貢献するための高次都市機能の高質化」が提示された。これは、戦後一貫して続いてきた安定的な経済成長が終焉したことを踏まえて、都市機能を全国に分散するのではなく、現存する都市機能を如何に効率的に活用するのかという視点にたって、大都市の都市機能を高度化することに注力し、その成果を地方都市に波及させるという都市政策に変化したといえる。

②国と大都市の関係の変化
　1990年代以降、情報通信技術の進展、交通手段の発達、関税の撤廃、ビザ発給要件の緩和などによってヒト・モノ・カネ・情報の移動が活発となり、国境という障壁は徐々に低下してきた。これに伴って、大都市は国際的な競争環境下に置かれ、OECD（2006）でも指摘されているように国の成長エンジンとしての役割を担うようになった。こうした認識は、前述の第五次全総や2001年に社会資本整備審議会へ諮問された「都市再生のあり方はいかにあるべきか」の最終答申である「都市再生ビジョン」にも明記されている。都市再生ビジョンでは、東京圏及び大阪圏を国際競争力の高い世界都市とするための理由として「経済活動の太宗を担う都市の国際競争力を高めることは、我が国全体の経済発展にかかわる重要な鍵である。」と表現しており、大都市の国際競争力を高

めるために国が積極的に関与する必要性が提示されたといえる。。これは、大都市の国際競争力の総計が国全体の国際競争力であるという考えが浸透したことに他ならない。

③官と民間の関係の変化

　1980年代までの安定的な経済成長下において、民間事業者は増加する需要に対応して自らの商品やサービスの量的拡大に重点を置いてきた。しかし、1990年代以降の経済成長の鈍化によって、民間事業者は商品やサービスの質的充実を図ることで収益性を向上する必要性に迫られてきた。その結果、質的充実の一環として、従来は国や自治体といった官が担ってきた収益性の低い公共サービスの分野にも活動領域を拡げている。前述したとおり、近年の不動産開発では、オフィスに会議室や展示場を併設したり、分譲住宅に保育園や医療施設を併設することが多く見られるようになってきた。これは、オフィスや住宅の価値を向上させるために、民間事業者が自ら収益性の低い施設の導入を積極的に行なっているとみられる。さらに施設利用者のみを対象とするのではなく、周辺居住者や地域への来街者のために災害時の一時退避施設などを確保する不動産開発も増加している。これは施設の価値に留まらず、地域全体の価値を向上させることで他の地域との差別化を図る狙いがあるものと考えられる。一方、国や自治体といった官は、厳しい財政状況や職員不足によって、多様化する公共サービスに対するニーズに全て対応することが困難となっており、民間事業者をはじめとする民間の協力が必要不可欠となっている。このように公共サービスを効果的かつ効率的に提供するためには、官と民間が連携していく必要性が高まってきたといえる。

　このように3つの関係性が大きく変化している時代であったからこそ、国が主導して自治体と民間事業者が一体となって都市再生に対処するという特区制度が創設され、その後も次々と新たな特区制度が創出されていると考えられる。今後もこうした特区制度は、閉塞した社会経済システムを変革する突破口として、我が国において常態化していくことが想定される。

5-4　これからの東京に求められる不動産開発

　それでは、不動産需要が縮小し、都市再生をはじめとする特区制度が常態化した東京において、今後必要とされる不動産開発とはどのようなものであろうか。それは、民間事業者と国および自治体が連携して、利用主体が重視する施設要素や都市機能を強化し、さらに利用主体が高く評価する公共貢献を多数創出する不動産開発に他ならないと考える。この実現のためには、利用主体の目線による不動産開発の実現と公的支援が必要となってくる。本書による分析結果を基に、収益性と公益性といった観点から方向性を整理したのが図5-12である。

（1）民間事業者の自主性に期待できる話題性・多様性・希少性

　来街者・就業者・居住者がともに重視している「話題性」「多様性」、来街者が重視している「希少性」といった施設要素は、これまでの不動産開発においても民間事業者の自主的な取組みによって十分に創出されてきた。

図5-12　利用主体の目線による不動産開発の実現と公的支援のあり方

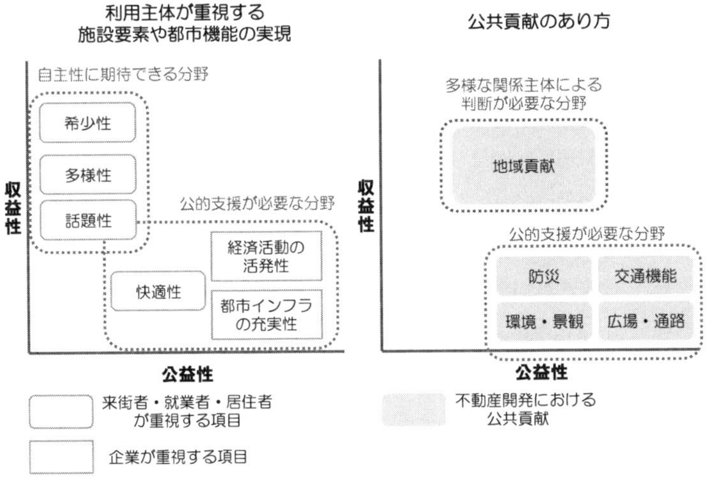

図5-13　銀座五丁目プロジェクト外観とアトリウムの竣工イメージ

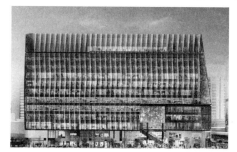

出所）東急不動産プレスリリースから転載

　民間事業者から施設の開業前に公表されるプレスリリースには、必ずと言っていいほど、日本初、地域初、業界初などといったテナントや新たな取組みが数多く紹介されている。例えば、2016年春に開業予定である銀座五丁目プロジェクトでは、都内最大となる空港型免税店、東急百貨店による新業態のセレクトショップ、東急ハンズの新業態店、数寄屋橋交差点が一望できる高さ27mの大空間のアトリウムなどを備えており、これまでの銀座の商業施設とは大きく異なるものが出現することが見込まれる。
　さらに、施設の話題性や希少性は、丸の内再構築プロジェクトや六本木ヒルズの成功によって急速に普及したエリアマネジメント活動によって、数多くの施設が積極的な情報発信やイベント活動を展開することで、それらの要素を高めている。こうした取組みは、他施設との差別化を通して自らの施設の収益拡大に繋がることから、国や自治体があらためて支援する必要性は低いと思われる。それでは、就業者や居住者が重視している「快適性」はどうであろうか。快適性は施設の回遊性を高めるために通路を拡大したり、施設内で休憩しやすくするために滞留空間を確保することから施設としての収益性は低下する取り組みといえる。そのため、こうした分野は後述する公共貢献とあわせて、国や自治体の支援が必要となってくる施設要素といえるであろう。

（2）公的支援が必要な経済活動の活発性と都市インフラの充実性

　一方、企業は「経済活動の活発性」や「都市インフラの充実性」といった都市機能をエリア選定時に重視していることから、今後の不動産開発においても、企業集積の促進、高度ビジネスサービスの誘致、新駅や新規路線の整備、防災性能の向上などの取組みが必要であるといえる。しかし、こうした取組みは民間事業者が不動産開発において単独で実現するには難しく、さらに収益化が見込めないため国や自治体による支援が必要な分野であるといえる。例えば、2018年に竣工が予定されている新日比谷プロジェクト（日比谷地区）では、都市再生特別地区を活用するための公共貢献として、新産業の創出を支援する約2,000㎡の日比谷ビジネス連携拠点の整備を提案した。この拠点は、国内外のベンチャー企業や中小企業に対して、海外企業との交流や投資家や金融機関の紹介、さらにはビジネスを進める上で必要な各種手続きの支援を行なうことを想定している。また、様々な企業や投資家・金融機関と連携することで事業拡大や新産業創出などを支援するビジネスイベントなどが開催される見込みである。

　一方、日比谷に隣接する虎ノ門では、東京都心で17年ぶりとなる地下鉄新駅の整備が進んでいる。2014年6月に環状2号線上空に竣工した虎ノ門ヒルズ周辺で整備が進んでいる日比谷線新駅は、都市再生機構が事業主体となっている。しかし、周辺建築物や銀座線虎ノ門駅までの地下通路の整備、さらに乗降客の増加が見込まれる地下鉄駅前広場の整備は図5－15に示すように虎ノ門一丁目地区第一種市街地再開発事業（虎ノ門一丁

図5－14　日比谷ビジネス連携拠点と隣接するテラスの竣工イメージ

出所）三井不動産プレスリリースから転載

図5−15　地下歩行者通路の整備イメージ（A街区およびB街区が再開発事業）

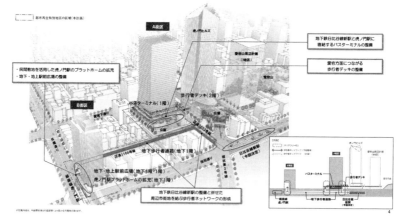

出所）国家戦略特別区域会議東京都都市再生分科会資料から転載

目3・17地区）の民間事業者が都市再生特別地区を活用するための公共貢献として整備する予定である。

　さらに東京駅八重洲中央口には、丸ビルの敷地面積と同規模である約1万㎡の巨大バスターミナルの整備が進んでいる。東京駅八重洲口には、2013年9月に15の店舗が入居するグランルーフが竣工し、13台が発着可能なバスターミナルとタクシープールおよび乗降スペースを有する約1.1万㎡の駅前広場も同時に整備された。しかし、このバスターミナルは全てJRバスが利用（JRバスと共同運行路線する場合は他社も利用）しており、他社が運行する羽田空港や成田空港方面などのバスは外堀通りや八重洲通りの歩道上にバス停のみが設置されている状況にある。こうした利便性の低い東京駅八重洲口周辺のバス利用を改善するために、図5−16に示すように八重洲中央口周辺で不動産開発を行なっている八重洲一丁目東地区および八重洲二丁目北地区第一種市街地再開発事業（八重洲一丁目6地区、八重洲二丁目1地区）の民間事業者が都市再生特別地区を活用するための公共貢献として、地下1階と2階に20台が発着可能なバスターミナルを整備し、歩道上にある数多くのバス停を集約する見込みである。

　こうした取り組みをさらに拡大することで、企業が重視する「経済活動

図5-16 バスターミナルの整備イメージ

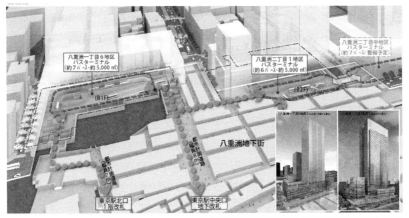

出所）国家戦略特別区域会議東京都都市再生分科会資料から転載

の活発性」や「都市インフラの充実性」といった都市機能が向上することが可能となるものと考えられる。

（3）多様な関係主体による判断が必要な地域貢献分野への公的支援

そして最後に不動産開発における公共貢献のあり方であるが、前述のように利用者の意向が高い分野において、収益性が低く、公共性が高いものに関しては公共貢献として積極的に公的支援する必要があると考える。例えば、来訪者・就業者・居住者や企業がともに評価している「広場・通路」「防災」「環境・景観」といった取組みは、収益性が低く公共性も高いため、国や自治体から支援が必要な分野といえるであろう。しかし、最も判断が難しいのが「地域貢献」に関する取り組みである。地域貢献分野は数多くの施設が存在し、いずれの利用者でも評価が大きく分かれるといった特徴があった。また、不動産開発を行なおうとする地域によってもその必要性は異なることから、一律に国や自治体が支援すべきという判断は困難である。

さらに、前章で説明したようにこうした公共貢献の収益性や公共性を見極めるのは自治体職員のみでは困難である。そのため、前節で説明した国

家戦略特別区域会議などの多様な主体が関与するプラットフォームを活用し、公共貢献の必要性の評価や公的支援のあり方を議論することが考えられる。現在、都市再生特別地区を活用する国家戦略民間都市再生事業などの審議は、国家戦略特別区域会議に設置された東京都都市再生分科会で行なわれている。しかし、この分科会で議論されるのは、すでに事前協議を経て正式提案された後の計画案であり、大幅な変更を求めるような議論を行なうことができない。また、分科会の出席者も内閣府職員、東京都職員、民間事業者に限定されており、実質的にこれまでの民間事業者と自治体職員による二者協議と何ら変わらないのが現状である。さらに、2015年9月時点で既に分科会は6回開催され、9つの不動産開発が議題とされたが、第1回目を除き他5回は持ち回り開催されており、実質的な議論は行なわれておらず既に形骸化している。今後、正式提案前の計画案をもとに地元企業や住民代表といった多様な関係主体が参加することで、実質的な議論ができる場へと変革していく必要があると言える。

（4）今後の不動産開発における支援手法のあり方

利用主体が重視する施設要素や都市機能を多数創出させるためには、どのような公的支援の手法が有効となるのであろうか。第3章の定量分析で示したとおり、都市再生施策において最大の効果を発揮した規制緩和である容積率の緩和は、今後も不動産開発圧力の高い地域において有効な支援手法となるだろう。本来、容積率は都市施設の能力保持を確保するために設定されており、新たな市街地環境を創出するという次元の異なる目的のために活用することに異論があるのは確かである。しかし、2008年から検討が開始された抜本的な都市計画・建築規制の見直しの議論が停滞している現状を鑑みれば、容積率の緩和に代表される開発権の付与は財政状況の厳しい国や自治体に残された数少ない政策実現手段であるといえる。例えば、東京都の都市計画・建築規制のお手本として取り上げたニューヨーク市では、容積率の緩和を活用した全く新しい特例制度を近年導入している。第1章で説明したようにニューヨーク市マンハッタン区のミッドタウンでは、鉄道操車場であるハドソンヤードを中心に用途地域を変更して新

たな中心業務地区を整備している。この用途地域の変更によって、2005年1月に操車場周辺はハドソンヤード特別地区に指定され、三段階の容積率が設定された。第一段は基礎容積率として街区によって750％から1,200％の容積率が指定された。そして第二段にはニューヨーク市から1平方フィートあたり100ドル（インフレ率によって毎年価格は変動）で容積を購入した場合の上限値である容積率が1,800％から2,160％に設定され、第三段には操車場上空の容積を移転した場合の上限値として2,000％から3,300％の容積率が指定された。この自治体が容積を売却するという仕組みは、ニューヨーク市や大都市圏交通公社の厳しい財政状況下において、当該地区における地下鉄延伸や公園整備の費用を捻出することを目的に導入された。この制度を活用してニューヨーク市は、2014年までに14の不動産開発において60万平方フィートの容積を約1億ドルで売却しており、最終的に約9.4億ドルの売却収入を見込んでいる。

　一方、容積率ではなく全ての不動産開発を計画許可によってコントロールすることで厳しい高さ制限を維持してきたロンドン市においても、近年、都市の国際競争力向上のために特例的に超高層建築物の開発を許容している。ロンドン市では、1938年からシティに位置するセントポール大聖堂の眺望を確保するための高さ制限が導入されてきた。しかし、1990年代後半からロンドンの国際競争力の低下を防ぐためにも超高層建築物を開発して企業集積を促進すべきとの議論が巻き起こり、シティ周辺を2004年に超高層建築物を誘導する地区に指定した。その結果、オフィス・ホテル・住宅から構成される欧州で最も高い建築物であるザ・シャード（2012年竣工、地上87階310m）、ロンドン市内を一望する空中庭園を有する20フェンチャーチ・ストリート（2014年竣工、地上37階160m）、シカゴから世界最大の保険会社であるエーオンのグローバル本社機能の移転に成功したリーデンホール・ビルディング（2014年竣工、地上48階225m）、ロンドンで二番目に高い建築物となる22ビショップスゲート（2019年竣工予定、地上62階、278m）などが相次いで開発されており、新たな企業や来訪者を惹きつけることに成功している。このように不動産開発における開発権の付与は、今後も新たな市街地環境を創出させるための重要な手法として

位置づけられるであろう。

　それでは、都市再生施策では効果があまり発揮できなかった金融支援や税制措置は今後も有効な手法とはならないのだろうか。筆者は、都市再生施策における金融支援や税制措置の失敗は、その支援内容の魅力の低さにあると考えている。例えばニューヨーク市では、1971年に都心の居住人口を回復するため、新規に集合住宅を建設した場合に地域によって10年から25年間にわたって建設によって増加した固定資産税を100％減免する制度を導入し、数多くの住宅を供給させることに成功した。さらに1980年代に入ると、この制度はアフォーダブル住宅（低中所得者向けの住宅）を供給する目的が追加され、その後アフォーダブル住宅の導入割合や対象地域の範囲などの改正を経て、2014年までに約25.1万戸以上の住宅建設で活用され11億ドルの減税を民間事業者に付与した。しかし、この制度の新たな改正内容を巡って2015年6月に一時的に失効する事態が発生した。民間事業者は、この制度の適用を確実なものとするために駆け込み申請を行なったため、ニューヨーク市では2015年上期だけで前年の許可件数の約2倍、過去50年間でも最大となる約4.4万戸の着工許可を発行することとなった。このように税制措置は、支援内容の規模によって民間事業者にとって非常に魅力的な支援手法となりえるのである。しかし、都市再生施策による税制措置は、減免対象が建物共用部に限定されていたり、支援規模も課税標準の50％を5年間減免するのみであり事業費に対して支援規模があまりにも小さいのが現状である。また、民間事業者は減免を受けるために毎年税務当局に対して申請を行なう必要があり、筆者がヒアリングした民間事業者の中には担当者が代わったことで申請を忘れてしまうケースもあった。こうした税制措置の支援規模や手続きの煩雑さを改善すれば、今後、有効な支援手法として生まれ変わるのではないだろうか。

　一方、金融支援は、どのように改善すれば有効な支援手法となるのであろうか。現在の都市再生緊急整備地域を対象とした民間都市開発推進機構による金融支援（メザニン支援業務、以前の出資・社債取得業務）は、民業圧迫という批判を回避するため、民間金融機関による貸出金利や社債引受利回りをやや上回る水準で支援するのが一般的であり、民間金融機関か

ら十分に資金調達することのできる民間事業者にはあまり活用されていないのが現状である。これは、民間金融機関と同種の業務を行なうために陥るジレンマであり、これからは不動産開発における金融分野の裾野を拡大するといった次元の異なる業務に舵を切る必要があると考える。例えば、かつて国内の住宅ローン市場の約45％のシェアを占めていた住宅金融公庫は、民業圧迫との批判を受けて2007年に民間金融機関が提供する住宅ローンを証券化する住宅金融支援機構と転換した。このように民間都市開発推進機構も民間金融機関による不動産開発への貸出債権を証券化するといった民業補完の業務を開始することで、金融危機によって急速に縮小してしまった商業不動産における証券化市場を再活性化させることができるのではないだろうか。また、民間都市開発推進機構が不動産開発の共同事業主体として参加し、安定稼動後に自らの持分を不動産投資市場に自動的に売却するといった業務を開始することで、現在の1.5流の物件しか組み入れられていない我が国の不動産投資市場の質と量を改善させることに大きく寄与するのではないだろうか。

　そして最後に重要となるのが新たな需要創出のための支援である。既に第1章で説明したように、東京23区全体では全ての用途において不動産需要は縮小傾向にある。したがって、これからの不動産開発では既存建築物の更新需要に加えて、新たな需要創出を促進することが強く求められるだろう。この需要創出源としては、国内と海外の二通りのルートが考えられる。第一に国内から東京に需要が流入するための障害を取り除き、さらなる集積を促進させるべきである。2015年6月、安倍政権では地方創生の柱として企業の本社機能を地方に移転した場合に税制優遇する施策を導入した。しかし、企業の本社機能に携わる知的労働者の立地にとって重要なのは、本章のアンケート結果からもわかるように企業集積などの経済活動の活発性と交通利便性などの都市インフラの充実性である。したがって、企業の本社機能の地方移転を促進することは、大都市の魅力を低下させることに繋がる恐れがあり、安倍政権が新たに開始した国家戦略特区などの施策と逆行するものであるといえる。東京は欧米先進国やアジア新興国の大都市とグローバルな都市間競争に注力すべきであり、国内で地方都市と

ローカルな都市間競争に行なっている余裕はない。政府は、東京の競争力を削いで地方都市に分け与えるのではなく、地方都市が自らの資源を活用して競争力を高めることに支援すべきである。

　第二に海外からの需要流入をさらに促進するための施策を導入するべきである。安倍政権では既に法人税の実効税率を欧州先進国と同水準まで引き下げる施策を打ち出している。しかし、既に立地している企業への支援だけでなく、新たに進出してくる外国企業に対しての支援も充実させる必要があるのではないだろうか。例えば、シンガポールでは、外国企業が地域統括機能や研究開発機能を進出する場合、個別協議によって法人税率を0～10%に一定期間減免している。これによってシンガポールは、世界的に成長が見込まれる医薬品・医療機器やバイオ技術などの新たな産業育成を積極的に推進している。我が国においても、イノベーションを創出するための鍵である多様性を高めるために特定の産業と地域においてこのような施策を導入する必要があるのではないだろうか。一方、外国人の需要流入を促進するための施策として、安倍政権では2013年7月からビザ要件の緩和を段階的に実施してきた。これにより2012年の訪日外国人は約836万人であったが、2014年には1.6倍となる約1,341万人まで急増した。その結果、長らく低迷していた百貨店の売上高が増加したり、ホテルなどの宿泊施設の稼働率が向上しており、新たな不動産需要を創出することに成功しているといえる。こうした外国人の需要流入をさらに促進させるために、我が国においても米国やカナダなどで導入されている外国投資家に対する永住権付与制度の導入を検討してみたらどうであろうか。米国では、1990年から国内の投資案件に対して100万ドル（地域によって50万ドル）以上を投資し、少なくとも10人以上の従業員を雇用した場合、永住権を付与する制度を導入してきた。投資案件は、州によって異なるがオフィス、住宅、商業施設、ホテル、スタジアム、リゾートといった不動産が一般的であり、インフラなども対象となっている。この制度によってニューヨーク市では、数十の不動産開発に37億ドル以上の投資がここ数年で流入している。我が国では、移民を受け入れることに抵抗感を感じる人は少なくないが、労働力不足を解消するために単純労働者を受け入れるよりも、ま

ずは国内の消費や雇用の底上げに寄与する外国人投資家に永住権を付与する方が受け入れやすいのではないだろうか。

（5）単なる場所貸し空間から新たな価値を育む空間の創出に向けて

　本書で紹介したように、既に東京都心では都市再生特別地区を活用することによって、単なる場所を貸すだけの空間を創出する不動産開発から、新たな価値を育む空間を創出する不動産開発へと急速に転換が進んでいる。例えばオフィスの用途では、新たな企業や人材を育成するために、販路開拓、資金調達、ビジネスマッチンングなどの支援を提供する空間や、高度人材のための多彩な教育プログラムの提供や交流促進などを行なう空間が創出されていた。また商業施設では、我が国の文化芸術の継承や発展を担う人材育成を行なう空間や、増加する訪日外国人への情報発信や交流を可能とする空間が創出されていた。さらに住宅では高齢化によって衰退する地域コミュニティ活動を支援するために学生ボランティア住宅などが創出されていた。

　このように一見すると我が国の大都市における不動産開発はガラパゴス化したようにみえるが、今後、諸外国の大都市においても我が国と同様の都市問題を抱えることが見込まれるため、今後、こうした不動産開発は輸出可能な技術やノウハウと位置づけられると考えられる。振り返ると、1900年代の我が国では大都市への急激な人口流入という都市問題に対して、民間鉄道会社が鉄道開発と沿線不動産開発を一体化させたユニークな事業を発明し、三大都市を中心に数多く展開することで都市問題の解決に大きな影響を与えた。しかし、現在このユニークな事業は、香港の鉄道会社である香港鉄路有限公司が「Rail ＋ Property model」という事業モデルで商品化し、急速に都市化が進むアジア各国の大都市に積極的に輸出しており、我が国の民間鉄道会社は海外進出の好機を逃してしまった。今後、このような遅れをとらないようにするためにも、ガラパゴス化した不動産開発を構成する技術やノウハウのシステム化を確固たるものとし、我が国の建設・不動産業における国際競争力の源泉となることを期待したい。

おわりに ◆◆◆

　本書は、著者が2014年3月に筑波大学に提出した博士論文「都市再生における官民連携による都市計画制度に関する研究―都市再生特別地区の実態と課題―」の一部と野村総合研究所における不動産開発・投資に関する業務経験をもとに執筆しました。都市再生の実態について著者が初めて知ったのは、2009年に国土交通省から都市再生の効果検証に関する調査を受託したことでした。自治体職員や民間事業者の方々へのアンケートやヒアリング、地価や建設投資額を用いた定量的な分析を通して、これまでとは次元の異なる特例制度である都市再生特別地区に興味をもって受託業務終了後も都市再生特別地区の創設経緯や運用実態に関して自主的に調査研究を行なってきました。それらの研究成果を取りまとめた博士論文の執筆では、指導教員である筑波大学教授の有田智一先生、卒業論文及び修士論文の指導教員である筑波大学名誉教授の大村謙二郎先生、慶応義塾大学名誉教授の日端康雄先生、さらに副査の教員の方々に様々なご指摘を頂き誠に感謝しております。また、野村総合研究所では、私の専門性を考慮して数多くの興味深い業務に参加する機会を提供してくれた上司および同僚と、常に新たな視点や気付きを与えて頂ける顧客に恵まれ、不動産開発のあり方に関して深く考えることができました。あらためて、ここで感謝を申し上げます。さらに内閣総理大臣補佐官（元地域活性化統合本部事務局長）の和泉洋人氏には、筆者の研究成果に目を留めて頂き、内閣官房地域活性化統合事務局に設置された都市再生の推進に係る有識者ボードの経済効果検討ワーキンググループに携わらせて頂く機会を頂戴し深く感謝しております。さらに同ワーキンググループでの活動をきっかけとして、大阪大学社会経済研究所招聘教授の八田達夫先生には、都市再生の定量分析に関して様々ご指導を頂き誠に感謝しております。

　なお、本書を執筆するにあたって、都市再生本部事務局、国土交通省、自治体の担当職員、民間事業者の方々には、ヒアリングや資料提供などに多大なるご協力を頂き感謝しております。特に自治体の担当職員の方々に

は、不完全な都市再生特別地区の運用に苦慮されているなかで真摯にご対応頂き誠にありがとうございました。これらのご協力が無ければ本研究を進めていくことは不可能でした。この場を借りてお礼を述べたいと思います。

　本書は、都市計画や不動産の研究者のみならず、不動産開発や不動産投資に携わる実務者や国または自治体職員の方々を対象に執筆しました。本書をきっかけに都市再生特別地区においてまだ社会実験が行なわれていない「スポットゾーニング」と「多者関与」の仕組みが実現し、それぞれの利用主体が都市再生特別地区の決定過程に参加することで、より魅力的な不動産開発が一つでも多く生まれることを望んでおります。

　2015年11月

北崎朋希

参考文献

はじめに・第1章
1) 五十嵐敬喜,小川明雄（2003）「『都市再生』を問う—建築無制限時代の到来—」岩波新書
2) 矢作弘（2002）「グランドデザインなき『都市再生』」都市問題 93巻3号, pp 3-15
3) 橘玲（2015）「橘玲の中国私論—世界投資見聞録—」ダイヤモンド社
4) 東京都都市整備局「都市計画プロジェクト」http://www.toshiseibi.metro.tokyo.jp/cpproject/
5) 「東京・大阪 都心上空ヘリコプター遊覧飛行」 http://building-pc.cocolog-nifty.com/helicopter/
6) 日端康雄編（2002）「都市再生を目指して 建築空間の容積移転とその転用」青文社
7) New York City Department of City Planning（2015）「Zoning Resolution」
8) New York City Department of City Planning（2015）「A Survey of Transferable Development Rights Mechanisms in New York City」
9) 森トラスト（2015）「東京23区の大規模オフィスビル供給量調査'15」
10) Group of 35（2001）「Preparing for the Future: A Commercial Development Strategy for New York City」
11) The Real Deal「New York Real Estate News」http://therealdeal.com/
12) ザイマックス不動産総合研究所（2014）「一人あたりオフィス面積調査」

第2章
13) 経済戦略会議（1999）「日本経済再生への戦略」
14) 日本経済新聞「戦略会議答申、閣僚ら"反旗"」1999年3月2日夕刊
15) 日刊建設工業新聞「建設省関係は67項目」1999年6月7日
16) 中日新聞「スコープ 99年政局 都知事に石原氏 自・民完敗、心をつかめず」1999年4月12日朝刊
17) 日刊建設工業新聞「石原知事所信表明、新都市づくりビジョン策定へ」1999年9月15日
18) 建設通信新聞「東京圏再生へ推進懇設置」2000年1月24日
19) 伊藤滋（2001a）「第157回都市経営フォーラム講演録『東京圏の都市再生—国際都市としての魅力向上—』日建設計総合研究所
20) 伊藤滋（2001b）「第163回都市経営フォーラム講演録『都市再生について』」㈱日建設計総合研究所
21) 伊藤滋（2002a）「第169回都市経営フォーラム講演録『都市再生の最近の動向—21世紀型まちづくりの視点—』」日建設計総合研究所
22) 伊藤滋（2002b）「第175回都市経営フォーラム講演録『構造改革都市再生—集団的慣習社会からの離脱—』」日建設計総合研究所
23) 都市再生推進懇談会（2000）「東京圏の都市再生にむけて」
24) 毎日新聞「衆院選・開票 地方の自民党、都市の民主党」2000年6月26日朝刊
25) 日本経済新聞「緊急経済対策、経済諮問会議を活用」2001年3月23日朝刊
26) 経済対策閣僚会議（2001）「緊急経済対策」
27) 都市再生本部（2001a）「第2回 資料2：都市再生プロジェクト（第一次決定）」

28) 山本繁太郎（2001）「都市再生の方向と具体的ビジョン」不動産経済 No.71, pp63-74
29) 山本繁太郎（2002）「動き出した都市再生〜都市再生特別措置法施行される〜」土地総合研究 10巻3号, pp53-82
30) 都市再生本部（2001b）「第3回 資料1：民間都市開発投資促進のための緊急措置」
31) 都市再生本部（2001c）「第5回 資料1：民間都市開発投資促進のための緊急措置の進捗状況」
32) 産経新聞「『金融特区』実現を切望 名護市長 政府に正式要請へ」2000年5月12日朝刊
33) 都市再生本部（2001d）「第5回 資料2：都市再生のために緊急に取り組むべき制度改革の方向」
34) 朝日新聞「都市再生へ『緊急都市再生地域』小泉首相が時限立法を指示」2001年12月15日朝刊
35) 総合規制改革会議（2001）「第一次答申」
36) 日刊建設工業新聞「都市計画規制、都市再生戦略チーム、ゼロベースで見直し」2001年12月14日
37) 日刊建設工業新聞「関連法改正も今国会提出」2002年1月24日
38) 首相官邸（2002）「第154回施設方針演説」
39) 都市再生本部（2002a）「都市再生緊急整備地域指定の基本的考え方」
40) 都市再生本部（2002b）「第七回会合 資料2 都市再生緊急整備地域（案）（第一次指定）」
41) 都市再生本部（2002c）「第七回会合 資料3 都市再生緊急整備地域の地域整備方針（案）」
42) 真田幸直（2003）「まちづくりの動き—心斎橋地区の都市再生特別地区—」新都市 Vol.57, pp84-89
43) 織田村達（2003）「東京都における都市再生への取り組み」新都市 Vol.57 No. 5, pp72-77
44) 笠原敏郎（1930a）「都市計畫に於ける建築的施設の基本計畫(主として東京の場合)に就て（一）」建築雑誌 No.531, pp505-544
45) 笠原敏郎（1930b）「都市計畫に於ける建築的施設の基本計畫(主として東京の場合)に就て（二.）」建築雑誌 No.532, pp775-823
46) 住宅・都市整備公団（1985）「特定街区制度の活用方向—住宅地等の高度利用方策検討調査—」調査研究季報 No.80, pp63-101
47) 柳沢厚（1997）「容積インセンティブ手法の系譜と今後」都市住宅学17号, pp36-42
48) 高瀬三郎（1969）「法は今日をどう捉えているか：建築基準法集団規定改正(主集法と建築)」建築雑誌 No.1014, pp587-589
49) 日本経済新聞「建設省、都心マンション建設後押し」1983年2月7日朝刊
50) 日本経済新聞「建設省、東京の都心高層化へ建築規制緩和」1983年6月16日朝刊
51) 日本経済新聞「建設省、市街地高層化へ基準緩和、ビル内住宅促す。」1984年6月7日朝刊
52) 山下英和（2005）「総合設計制度における容積率割増要因に関する研究」日本都市

計画学会論文集No.40, pp487-792
53) 建設省建設経済局長、都市局長、住宅局長（1988）「都市再開発法及び建築基準法の一部改正について（各都道府県知事・各指定都市の長宛通達12月22日付）」
54) 東京都（2013）「東京都再開発等促進区を定める地区計画運用基準（平成25年4月）」
55) 小林重敬編（1994）「協議型まちづくり―公共・民間企業・市民のパートナーシップ&ネゴシエーション―」学芸出版社
56) 水口俊典（1997）「土地利用計画とまちづくり―規制・誘導から計画協議へ―」学芸出版社
57) 大久保規子（2003）「都市再生をめぐる法制度改革の特徴と課題」現代民法学の理論と課題, pp685-708
58) 上崎哉（2005）「小泉政権による都市再生政策の理念と方針と方向性について」近畿大学法学 No.138, pp33-83
59) 富田裕（2013）「総合設計をめぐる紛争と制度的解決に向けての考察」『成熟社会における開発・建築規制のあり方』日本建築学会編, 技報堂出版
60) 三浦眞（2011）「都市再生特別地区を活用するメリットと留意点―大崎駅西口中地区第一種市街地再開発事業の事例―」再開発研究 27号, pp74-78

第3章

61) 内閣府地方創生推進室「都市再生緊急整備地域の一覧」https://www.kantei.go.jp/jp/singi/tiiki/toshisaisei/kinkyuseibi_list/
62) 内閣府地方創生推進室「民間都市開発投資の促進」
https://www.kantei.go.jp/jp/singi/tiiki/toshisaisei/04toushi/index.html
63) 民間都市開発推進機構「業務案内」
http://www.minto.or.jp/products/index.html
64) 民間都市開発推進機構「業務実績一覧」
http://www.minto.or.jp/archives/index.html
65) 八田達夫編（2006）「都心回帰の経済学―集積の利益の実証分析―」日本経済新聞社
66) 八田達夫, 北崎朋希, 谷山智彦（2014）「都市の競争力向上による効果〜容積率緩和の経済分析〜」統計 2014年2月号, pp21-26
67) 国土交通省（2010）「都市再生緊急整備地域等における都市再生関連施策に係る基礎的なデータの把握等に関する調査」
68) 日経BP「エリア別賃貸ビルの成約価格調査」（2002年〜2011年）
69) 不動産経済研究所「全国マンション市場動向」（2002年〜2011年）
70) 日本不動産研究所「不動産投資家調査」（第8回〜第25回）

第4章

71) 国土技術研究センター（2004）「都市再生特別地区の活用手法のフォローアップ」
72) 都市再生特別地区の活用手法に関する調査研究会（2003）「都市再生特別地区の活用手法について」
73) 北崎朋希（2011）「都市再生特別地区における公共貢献と規制緩和の実態と課題

―東京都における都市再生特別地区を対象として―」日本都市計画学会論文集 No46-3, pp583-588
74) 北崎朋希，有田智一 (2013)「全国における都市再生特別地区の指定手続きの実態と課題―都市計画素案作成に関する協議プロセスに着目して―」日本都市計画学会論文集No48-3, pp639-44
75) 山崎正樹，櫻井澄，根上彰生 (2013)「都市再生特別地区におけるソフト分野の公共貢献の実態に関する研究―東京都を事例として―」日本都市計画学会論文集 No.48-3, pp297-302
76) 東京都 (2008a)「都市計画（素案）の提案 大手町地区（B-1街区）」第184会東京都都市計画審議会資料
77) 東京都 (2009a)「都市計画（素案）の提案 銀座四丁目12地区」第185会東京都市計画審議会資料
78) 東京都 (2006a)「都市計画（素案）の提案 淡路町二丁目西部地区」第176回東京都都市計画審議会資料
79) 東京都 (2009b)「都市計画（素案）の提案 京橋三丁目1地区」第188回東京都市計画審議会資料
80) 東京都 (2012)「都市計画（素案）の提案 大手町一丁目1地区」第197会東京都市計画審議会資料
81) 東京都 (2002)「東京都における都市再生特別地区の運用について」
82) 札幌市 (2003)「都市計画法及び都市再生特別措置法による札幌市都市計画提案制度について」
83) 仙台市 (2005)「仙台市都市計画提案制度の手続きに関する要領」
84) 横浜市(2003)「横浜市都市再生特別地区等に関する都市計画提案制度手続要領」
85) 浜松市 (2007)「浜松市における都市再生特別地区の運用指針について」
86) 名古屋市 (2008)「都市再生特別地区運用指針都市再生特別措置法に基づく計画提案の手続に関する要綱」
87) 広島市 (2003)「広島市都市計画提案制度手続き要領」
88) 東京都 (2006b)「第172回東京都都市計画審議会議事録」
89) 東京都 (2007)「第177回東京都都市計画審議会議事録」
90) 東京都 (2008b)「第180回東京都都市計画審議会議事録」
91) 東京都 (2004)「都市計画の素案 大崎駅西口A地区」第168回東京都都市計画審議会資料
92) 大阪市 (2008a)「平成19年度第2回大阪市都市計画審議会 議第128号大阪都市計画都市再生特別地区の変更について 参考資料」
93) 大阪市 (2008b)「平成19年度第2回大阪市都市計画審議会 会議録」
94) 東京都 (2011)「都市計画（素案）の提案 銀座六丁目10地区」第195回東京都都市計画審議会資料
95) 竹沢えり子 (2013)「銀座にはなぜ超高層ビルがないのか―まちがつくった地域のルール―」平凡社新書
96) 秋本福雄 (1995)「公共と民間の協議による都市開発の計画と実施手段とプロセスに関する考察―カリフォルニア州の事例―」日本都市計画学会論文集 No.30,

pp421-426
97) 山口美貴，大村謙二郎，有田智一（2006）「大規模都市開発における行政・企画提案主体・市民による協議の実態と課題―再開発等促進区と都市計画契約を活用したBプランの協議プロセスの比較を通じて―」日本都市計画学会論文集 No.41-3，pp301-306
98) 秋本福雄（1993）「公共と民間の協議による都市開発に関する考察―アメリカにおけるNegotiated Developments の類型とプロセス―」日本都市計画学会論文集 No.25，pp289-294
99) 秋本福雄（1997）「パートナーシップによるまちづくり―行政・企業・市民 アメリカの経験―」学芸出版社
100) 安藤準也，大村謙二郎，中井検裕（2003）「ドイツ、イギリスとの比較による日本のプロジェクト型都市計画提案の審査手続きに関する考察―効果的な都市再生特別地区の運用・活用に向けて―」日本都市計画学会論文集 No.38-3，pp337-342

第5章
101) 北崎朋希（2014）「大規模複合再開発施設の利用実態と評価構造に関する研究：東京都23区内10施設を対象として」日本建築学会計画系論文集Vol.695，pp155-161
102) 内閣府地方創生推進室「総合特区一覧」 https://www.kantei.go.jp/jp/singi/tiiki/sogotoc/toc_ichiran/index.html
103) 内閣府地方創生推進室「国家戦略特別区域および区域方針」
https://www.kantei.go.jp/jp/singi/tiiki/kokusentoc/kuikikaigi.html
104) Organisation for Economic Co-operation and Development (2006)「Competitive Cities in the Global Economy」
105) 社会資本整備審議会（2003）「国際化、情報化、高齢化、人口減少等21世紀の新しい潮流に対応した都市再生のあり方はいかにあるべきか 答申」
106) 国家戦略特別区域会議東京都都市再生分科会「第4回会議 配布資料」https://www.kantei.go.jp/jp/singi/tiiki/kokusentoc/tokyoken/tokyotoshisaisei/dai5/shiryou.html
107) 国家戦略特別区域会議東京都都市再生分科会「第5回会議 配布資料」https://www.kantei.go.jp/jp/singi/tiiki/kokusentoc/tokyoken/tokyotoshisaisei/dai5/shiryou.html
108) 北崎朋希,有田智一（2015）「インフラ整備を目的とした容積売却による資金調達手法の導入過程と活用実態―ニューヨーク市ハドソンヤード特別地区におけるDIBを対象として―」日本都市計画学会論文集No50-3，pp898-903
109) NYC Independent Budget Office (2013)"Financing Redevelopment on the Far West Side: City's Spending on Hudson Yards Project Has Exceeded Initial Estimates"
110) Mayor of London (2004)"The London Plan: Spatial Development Strategy for Greater London"

111) Association for Neighborhood and Housing Development (2015) "421A Developer's Tax Break"
112) US Census Bureau "Building Permits Survey"
113) 内閣官房まち・ひと・しごと創生本部 (2015)「懇談会資料 企業の地方拠点強化税制の創設」
114) 日本政府観光局 (2015)「訪日外客数の動向 国籍別/月別」
115) New York University Center for Real Estate Finance Research (2012) " A Roadmap to the Use of EB-5 Capital: An Alternative Financing Tool for Commercial Real Estate Projects"

索　引

1区現象……………………………… 37
因子分析…………………………… 171
インセンティブ・ゾーニング…… 19, 59, 152, 153, 154, 155
開発権の付与……………………… 192
ガラパゴス化…… 13, 14, 19, 22, 25, 30, 197
鬼城………………………………… 2
規制緩和…………………………… 87
協議型……………………… 154, 155, 157
共分散構造分析…………………… 171
緊急経済対策…………………… 37, 38
銀座デザイン協議会……………… 148
銀座まちづくり協議会…………… 153
金融支援…… 30, 42, 47, 53, 70, 72, 73, 87, 194
経済戦略会議…………………… 34, 48
形状規制…………………………… 57
建設投資額………………… 89, 90, 91, 93
建ぺい率制限………………… 19, 58
公共貢献…… 30, 94, 97, 112, 117, 119, 123, 126, 144, 146, 148, 150, 152, 178
構造改革特区……………………… 180
高度利用方策検討研究会………… 61, 64
国家戦略特別区域会議…………… 192
国家戦略特区……………………… 183
市街地環境……………………… 59, 62
施設要素…………………… 168, 187
事前確定型……………… 153, 155, 157
事前相談……… 55, 130, 131, 135, 139
収益還元法………………………… 107
従前の特例制度…………………… 57
スポット・ゾーニング…… 152, 154, 155
税制措置………………… 70, 73, 194
総合規制改革会議………………… 46
総合設計…………………………… 61
総合特区…………………………… 181
高さ制限………………………… 19, 58
多者関与…………………………… 155
地域貢献施設……………………… 99
地域整備方針…… 44, 49, 52, 75, 77, 80, 155
中心業務地区…………………… 24, 24
提案制度………………………… 44, 64

東京都における都市再生特別地区の運用について…………… 55, 96, 130
特定街区…………………………… 59, 111
特定計画地区……………………… 65
特定都市再生緊急整備地域……… 68, 181
都市機能………………………… 174, 187
都市計画審議会…… 44, 55, 131, 134, 156
都市再生委員会………………… 34, 35, 48
都市再生緊急整備地域…… 30, 49, 68, 69, 70, 74, 82, 87
都市再生緊急整備地域協議会…… 156
都市再生施策…………… 4, 85, 93, 194
都市再生推進懇談会……………… 36, 48
都市再生戦略チーム……………… 46, 48
都市再生特別措置法……………… 30, 47
都市再生特別地区…… 4, 30, 44, 47, 53, 55, 57, 63, 64, 70, 71, 94, 104, 112, 152, 155
都市再生プロジェクト………… 37, 38, 39
都市再生本部…………………… 39, 42, 48
土地の流動化…………………… 37, 38
特区制度……………… 2, 30, 42, 180
二者関与………………………… 153, 155
ヘドニックアプローチ…………… 85, 86
丸の内の黄昏…………………… 11, 166
未利用容積……………………… 19, 20
民間都市開発推進機構…… 53, 72, 194
民間都市開発投資………………… 40
民間都市再生事業計画…… 53, 70, 71, 72, 74, 89
目指すべき市街地環境………… 153, 154
容積率規制……………… 19, 21, 58, 59
用途地域………………………… 19, 58
容量規制…………………………… 57
割増不動産価値………… 107, 108, 109
割増容積率…… 104, 106, 137, 141, 152

著者紹介

北崎 朋希（きたざき ともき）

1979年生まれ。2006年筑波大学大学院環境科学研究科修了後（株）野村総合研究所に入社。都市政策や不動産開発・投資に関する調査研究やコンサルティングに従事。博士（工学）。2012年内閣官房地域活性化統合事務局都市再生の推進に係る有識者ボード経済効果ワーキンググループ委員。2015年から三井不動産アメリカ（株）などで不動産開発・投資に関する調査研究に従事。主著に『社会インフラ次なる転換』（共著、東洋経済新報社）『徹底分析アベノミクス成果と課題』（共著、中央経済社）『東京・首都圏はこう変わる！ 未来計画2020』（共著、日本経済新聞社）。

東京・都市再生の真実
―― ガラパゴス化する不動産開発の最前線

発行日	2015年12月11日 初版第一刷
著　者	北崎 朋希
発行人	仙道 弘生
発行所	株式会社 水曜社
	〒160-0022 東京都新宿区新宿1-14-12
	tel 03-3351-8768　fax 03-5362-7279
	URL www.bookdom.net/suiyosha/
組版・装幀	第一企画 株式会社
印　刷	日本ハイコム株式会社

©KITAZAKI Tomoki 2015, Printed in Japan　ISBN978-4-88065-369-3 C0033
定価は表紙に表示してあります。落丁・乱丁本はお取り替えいたします。

好評発売中

団地再生まちづくり
建て替えずによみがえる団地・マンション・コミュニティ
NPO団地再生研究会・合人社計画研究所 編著
1,800円

団地再生まちづくり2
よみがえるコミュニティと住環境
団地再生産業協議会・NPO団地再生研究会 合人社計画研究所 編著
1,900円

団地再生まちづくり3
団地再生・まちづくりプロジェクトの本質
団地再生支援協会・NPO団地再生研究会 合人社計画研究所 編著
1,900円

団地再生まちづくり4
進むサステナブルな団地・まちづくり
団地再生支援協会・NPO団地再生研究会 合人社計画研究所 編著
1,900円

ライネフェルデの奇跡
まちと団地はいかによみがえったか
ヴォルフガング・キール 著　澤田誠二・河村和久 訳
3,700円

IBAエムシャーパークの地域再生
「成長しない時代」のサスティナブルなデザイン
永松栄 編著　澤田誠二 監修
2,000円

地域社会の未来をひらく
遠野・京都二都をつなぐ物語
遠野みらい創りカレッジ 編著
2,500円

地域創生の産業システム
もの・ひと・まちづくりの技と文化
十名直喜 編著
2,500円

災害資本主義と「復興災害」
人間復興と地域生活再生のために
池田清 著
2,700円

医学を基礎とするまちづくり
Medicine-Based Town
細井裕司・後藤春彦 編著
2,700円

文化と固有価値のまちづくり
人間復興と地域再生のために
池上惇 著
2,800円

トリエンナーレはなにをめざすのか
都市型芸術祭の意義と展望
吉田隆之 著
2,800円

日本の文化施設を歩く
官民協働のまちづくり
松本茂章 著
3,200円

全国の書店でお買い求めください。価格はすべて税別です。